認識你的
能量光環

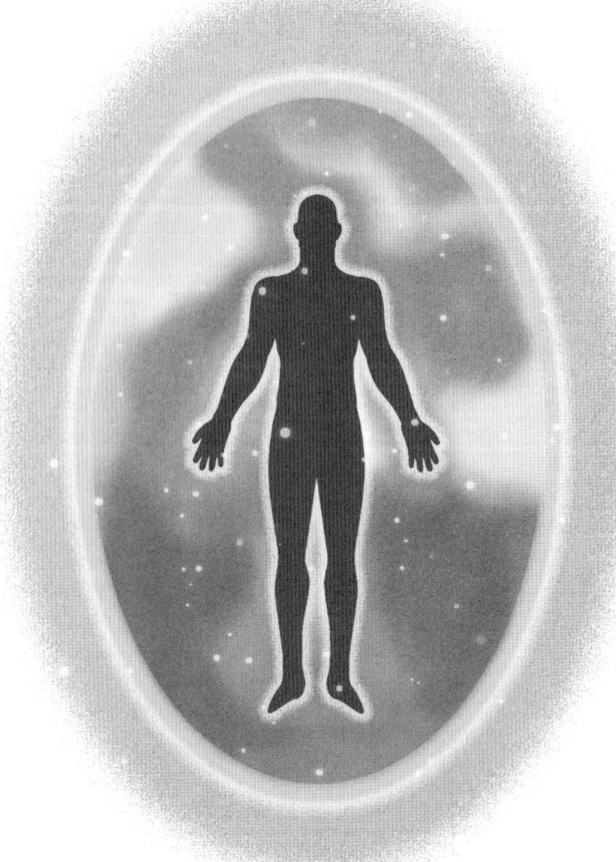

Judith Collins 裘蒂絲・柯林斯 著

薛亞冬 譯

How to see and read
the
HUMAN AURA

獻給我親愛的母親

她聆聽

雖然不懂

但還是聽到了我的心聲。

獻給我的靈性朋友

耶柔米（Jerome）

威儀赫赫之古人

觸動我心至深處。

目次

【推薦序】

裘蒂斯・柯林斯，解讀能量光環*的天才

我是從一位《海奧華預言》的讀者口中得知裘蒂斯・柯林斯的，他知道我正在試圖改良能量光環照相機，故很想找到更多貨眞價實的能量光環解讀者，以便收集更多的資料。他建議我讀一下柯林斯的書。

過去的幾年裡，我做了大量研究工作，想要找到方法，把能量光環解讀者眼中看到的光環影像攝製下來。爲此需要相當數量的數據資料，我們科研人員才能改進機器，達到所需的視覺效果。我查找了許多出版過相關書籍的人士，結果發現他們往往要麼已經過世（如《光之手》的作者芭芭拉・安・布藍能），要麼他們所看見的顏色與其他資料描述的完全不一致，失去了科研價值。

裘蒂斯不一樣。她在《認識你的能量光環》一書中描述的內容和我迄今爲止了

解到的信息相符。還有，這本書非常有趣，富有教育意義，對每一個想要了解相關主題的人都很有幫助。

當我得知裘蒂斯依然健在後，立即讓我在澳洲的朋友劉治宏（http://www.astralleaf.com.au/）馬上拜訪她，向她提出一系列問題，以確認其解讀能量光環的能力。劉治宏非常熱心，他給裘蒂斯看了一段毛澤東講話的影片，其中有一小段林彪鼓掌的鏡頭。裘蒂斯不經意地說：「這人看著是在鼓掌，不過他一點都不信任講話的人。」我們都知道後來發生的事情，林彪涉嫌刺殺毛澤東，並在刺殺計畫敗露後出逃，於一九七一年九月十三號乘飛機企圖逃往蘇聯，途中失事墜落，死在蒙古。

＊譯按：aura一詞暫無統一譯法，搜尋可見「氣場」「能量場」「光暈」等，閱讀本書後感覺「能量光環」可以全面表達其含義。

而裘蒂斯對毛澤東一無所知，更不要說林彪了，卻給出了精確的解讀。劉治宏還問了一些其他的問題，所有結果都表明裘蒂斯是一名眞正的通靈者，也是能量光環解讀者。

於是我決定前往澳洲拜訪她。此行期間，我被所見所聞深深地打動：她的花園美不勝收，她的一生都在用自己的天賦助人，尤其是她對能量光環色彩的解讀極其準確。她說出了我左肩的問題，僅憑我給她看的黑白照片就道出我各個朋友的生活及心理狀態。更重要的是，她的知識與洞見對當今世界人們的靈性發展極爲有益。換言之，她的故事激勵我們成爲更好、更富有慈悲心的人。這是與耶穌基督和佛陀的教導相一致的。

人體能量光環的重要性

《海奧華預言》中強調了呈現並解讀能量光環各種色彩的重要性，書中寫道：

「現在非常重要的事是讓你們的專家發明出必要的特殊儀器來幫你們看到氣場，這樣才能保證你們在未來關鍵的十字路口做出正確的決定。」

對那些對傳統中醫有所了解的人而言，人體能量光環不是一個陌生的東西。實際上中醫經常通過「氣色」來問診病人。儘管今時今日「氣色」越來越成爲一個形容詞彙，但在古代中國，醫師眞的能夠看見病人的能量光環色彩。古代名醫扁鵲成功治癒過諸侯君主和高官，據說他從長桑君那裡得藥服之，「視見垣一方人」，能夠透視人體。然而，當有人問及他家兄弟三人誰的醫術最高時，扁鵲回答說當屬大哥最高，因爲他能夠在病症未起前就祛除疾病；二哥次之，因爲他能夠在病症初起時治癒疾病；而他自己雖然名氣最大，醫術在三人中卻只能忝居最末，因爲他醫治的都是病重之人了。

的確，良醫治未病之先，但如此一來卻完全不能爲其帶來世間名聲。阻止疾病的關鍵是在出現症狀之前，先解決能量光環層面的問題。能量光環解讀者都同意健康問題首先在能量光環層面顯示，經過幾週或幾個月之後，病人的身體才出現症狀。布藍能曾經看到她一個朋友的肝區出現灰色，幾個月後，這個朋友被診斷出肝癌。因此，如果我們能夠致力於療癒能量光環，就能及時阻止嚴重的健康問題。

能夠感受能量光環對針灸師來說也極其有用，可以幫助他們打通病人身體內阻塞的能量。在古代中國，針灸師能夠看到病人的能量光環，據此來運針打通瘀滯點。可是，多年之後，針灸師們失去了這種能力，只能依據人體經絡學，通過觀察病人的症狀，在固定的穴位上運針。

而傳統中藥學則採取了另一種方式來調整病人的能量光環。我們都知道，每一種植物藥材都不僅具有化學屬性，還有物理屬性，也就是說，具有其獨特的能量振頻。通過將草藥加水煎煮，水就變成承載草藥能量振頻的湯液，也就是其能量振頻的載體。喝下中藥湯液後，草藥的能量振頻就進入了人體。也許這就是爲何中藥應煎煮後飲用，才能發揮最佳作用的原因。

裘蒂斯還證實了酗酒、嗑毒會讓人體能量光環顯得醜陋。我們都知道酗酒對健康有負面影響，但很少有研究關注大麻等致幻類藥物和毒品的危害性。如果說能量光環是一個準確的指標，那麼吸食此類藥物或毒品的人就會注意到其會對整體健康造成潛在且長期的危害。

能量光環還能顯示出一個人的心理。當你面對一名能解讀能量光環的人時，不要對她說謊，因爲她一眼就看穿了你是否眞誠。如果能研製出能量光環照相機，那該多麼有用，尤其在大選期間。若是有了這樣的設備，選民就能分辨出哪些政客在誇誇其談，開空頭支票，哪些是眞心實意代表選民利益的，這樣就能做出更好的選擇。因此，《海奧華預言》一書也進一步告訴我們：「通過解讀氣場來療癒肉體的疾病，根本沒法和將氣場應用於星光體或生理體相比。地球上的最大問題存在於精神領域。」

目前我們所知道的

通過採訪裘蒂斯及其他能量光環解讀者，我已經了解了如下資訊：

1. 能量光環解讀者可以從照片上看出光環色彩，甚至連黑白照片也不例外。
2. 光環色彩如同彩虹一般。色彩是透明的，有時如同霧氣，而且持續變化。
3. 能看見能量光環的人不一定能看見脈輪。但是，能夠看見脈輪的人則一定能看見能量光環。
4. 能量光環的色彩不一定屬於可見光及不可見光的波段內。它們有可能是另一種精微能量形式，傳播速度超過光速。使用克里安照相術，能量光環能以微弱電流的形式顯現出來。

5. 據能量光環目睹者稱，雖然他們中的一些人天生就能看見能量光環，但通常情況下，他們都是在冥想，或沉浸在大自然中放鬆後發展出見到光環的能力。（參見《光之手》還有《334％的謊言》（*334% Lies*），後者已由本人從德文譯成英文。）

6. 能量光環目睹者也能在電視上看到能量光環。

我最後一次去拜訪裘蒂斯時，向她出示了幾張我的照片。我逐漸降低照片的解析度，出乎意料的是，解析度越低（直到照片模糊不清），裘蒂斯越能清晰地看到能量光環的色彩。我又將照片的部分剪切掉，她卻仍能看到被剪切部分的能量光環。

想要研製出更精確的能量光環相機，還需要做更多的研究，收集更多的資料。

我敢保證，閱讀裘蒂斯的這本書會讓你眼界大開，帶來嶄新的知識，而這些知識會幫助你活得更富靈性。若你也像裘蒂斯那樣擁有同樣的天賦，且願意加入我們的研究，請通過 https://www.chinasona.org/contact.html 與我們聯繫。

知識就是力量，讓我們攜手共進，共創更美好的世界。

种參 Samuel Chong

美國洛杉磯

二〇二四年三月九日

＊筆者介紹：Samuel Chong（种參），法學博士。美國加州法庭翻譯。曾推動《海奧華預言》一書在兩岸的出版，並翻譯了一本發源於德國的祕密會社之最高階會長的著作《334% Lies》（334%的謊言）。

原作序

裘蒂絲·柯林斯天賦異禀，可以通過解讀環繞人體周圍的能量場來感知並診斷一個人的健康問題。數以千計的人們來到她這裡，尋求療癒，也期望得到訓練，而她奉獻了自己全部的天賦，來幫助所有求助的人。

從我翻開裘蒂絲著作的那一刻起，她孜孜不倦、全心全意幫助患者的精神就給我留下了深刻的印象。她毫不吝惜自己的時間和才能，同時又非常實事求是、心胸開闊，只要她認爲其他治療師有可能幫助到她的病人，她都樂於推薦。

在她參加的每一次另類療法大會中，裘蒂絲都充分體現了合作精神。對其他的治療師而言，她是位很棒的合作者，總是會給予他人慷慨的幫助。在珀斯（Perth）舉辦的「覺知生活博覽會」（Conscious Living Expo）上，她是最受歡迎的發言人。她的能量光環工作坊和診療會每年都供不應求，另有許多人都在等候名單上，等著安排與她一對一的面診。儘管事務繁忙，她還是擠出四天的時間參加博覽會，她的攤位前擠滿了前來見她的人，人潮川流不息，裘蒂絲和他們交談，給予人們有關健康與生活的寶貴建議。

裘蒂絲最受歡迎的一個論壇是珀斯6PR廣播電臺的羅恩·愛德華茲（Ron Edwards）所主持的一檔談話節目，她定期上這檔節目。在節目中，裘蒂絲儘憑電話交談就能判斷出對方的健康問題，這一超自然能力讓聽眾目瞪口呆。而她給出的建議乾脆務實，爲她贏得了大量聽眾，其中有許多人之前從未聽說過能量光環。

裘蒂絲是《覺知生活》雜誌的定期撰稿人，她寫文章解釋何爲能量光環，如何通過解讀能量光環來獲得有關身、心、靈等方面的指引。在過去，療癒被認爲是不科學的祕術，裘蒂絲的文章揭開了籠罩其上的神祕面紗，大受歡迎。

我認爲裘蒂絲眞正的長處在於她能夠向普通人解釋清楚這些超常的療癒手段，

還能說服許多醫師，讓他們相信她的療癒是有效的，尤其是對於身患絕症的病患。在她舉行的研討會和工作坊中，她能用簡單明瞭的方式向人們傳遞有關能量光環和色彩的知識。她能在個人層面上和與會者產生互動，爲他們的人生帶來重大啓示。

我相信，在幫助人們了解既玄奧又重要的療癒知識上，本書具有無比的價值。

裘蒂絲，祝賀你爲人類所做的貢獻！

《覺知生活》（*Conscious Living Magazine*）雜誌

出版人

派翠西亞・漢彌爾頓（Patricia Hamilton）

前言

一九九〇年十一月，在雪梨舉辦的「身心靈大會」上，我第一次在大庭廣眾下將人體能量光環畫出，並對之進行解讀。人們是否會接受我？我沒有把握，我的心中忐忑不安。結果人們蜂擁而至，排著隊要和我見面交談，讓我既驚且喜。從此以後，我手握彩筆，從筆端噴湧而出的是知識與體驗兼具的智慧財富，分享給前來找我的數以千計的人們。

我在許多國家都做過演講，開過課程，也進行過療癒治療，這樣的旅行開闊了我的心胸，讓我的視野得以突破，不斷在新的場域中觀察能量光環。我目睹了無數人類體驗：波士尼亞難民營中令人作嘔的能量光環；愛爾蘭一位老者堅韌且平和的光環；一位備受折磨的越南少年的光環；一個俄羅斯小公社自給自足的社區光環；

一位愛滋病患者，卻有著歡快的能量光環；一名殘障兒童，帶著快樂喜悅的能量光環。

讀者朋友，請與我一起踏上本書的歷程，我將向你們分享我的豐富經歷。你將會學習如何確定你眼力的強弱，判斷你的直覺是否靈敏。書中有大量的練習，可以激發並提升你看懂能量光環的能力。不過最重要的是你將了解運用能量光環的感知力，可以幫助你在人生的各個領域做出更明智的選擇。

實事求是地說，本書是世界各地數以千計的人們共同敦促的結果，他們一直以來都催促我拿起筆來，回答各種問題，寫一本按部就班的指導手冊。然而，若沒有身邊人們的支持，我也無法完成這項使命。我要感謝我的先生保羅，他爲本書作插圖，還不辭辛勞地審閱每一版手稿，他始終如一地鼓勵我，給我充滿創意的激勵，是我的無價之寶。還有羅絲琳·詹特斯（Roslyn Gentles）和艾琳·菲普斯（Irene Phipps），感謝她們的建議和想法。我還要感謝所有給出反饋的人們，感謝他們的支持。

讀者們，誠邀您與我一起探索那奇妙的人體能量光環，收獲豐厚的回報吧。

1

獨特的歷程

凡可信者，皆為實相之影像。

威廉・布萊克（William Blake）

我最早能看見能量光環的記憶發生在大約三歲的時候。就在那個時候，我發現自己異於常人，漆黑一團中哪怕有最微弱的光線閃爍，我也能看到，而我周圍的人則毫無察覺。夜晚，我輕易就能看出哪裡有小蟲，我的小貓咪在哪兒，因爲牠們的身體周圍有電磁場發出的光。鳥兒棲息在高高的枝頭，在暗夜中猶如燈塔的光在閃爍。我的眼睛天賦異稟，明察秋毫。

我不知道自己看到的是什麼，也不知道我的視覺範圍遠遠超過了其他人。等到接近上學的年齡，我對色彩的感知逐漸展現，我擁有特別的覺受來感知周遭，卻還沒有辦法讓他人了解這一點。在那童眞懵懂的時期，我不知道其他人無法像我一樣，總是能看到濃烈鮮明的光。我總是被人責備，說我撒謊，喜歡出風頭，做白日夢，愛吹牛，種種指責讓我越來越自卑。

到我十四歲時，我已經能看清能量光環中最細微的色彩，而且馬上就明白其中的含義，就像普通人看海報那麼輕鬆。可是，大多數人眼中的世界和我並不一樣，因此我個人的成長經歷崎嶇坎坷。我從未有機會慢慢交上一個朋友，因爲我一看到某人就立刻能從他的能量光環來得知此人的一切，像我這種情況，在這世上實屬罕見。可想而知我很難和家人以外的其他人溝通，因此直到十幾歲，我都很戀家。

我生長在一個充滿愛意和關懷的家庭裡，從出生到十三歲，我都被家人圍繞呵護，滿是歡笑和擁抱。我是家中唯一的女兒，有三個兄弟，他們從未對我的古里古怪顯示出任何介意，相反，在我特別難受的時候，他們教我學會自嘲。我大哥克里斯（Chris）會對我唱：「有人要來抓住你，哈哈哈，送去古怪農場裡。」他那快活調皮的樣子總是能讓我不再害怕，平靜下來。

我家人從事創造性工作，我父親會一邊聽著馬利奧·蘭沙（Mario Lanza）的歌曲，一邊做建造、油漆、裝修等工作，而我母親在旁邊踩著縫紉機，一邊看我父親工作，一邊做出一件漂亮的衣服。我父親時不時停下來朗誦一段詩歌，或是編一些胡說八道的謎語。他曾做過救生員，所以很喜歡游泳，而我是他唯一的游泳夥伴。我家後來從雪梨住宅區搬到與鄉村接壤的地方，我父親教會我享受在河裡游泳的樂趣。我還記得我是多麼喜歡在河裡仰泳，一邊看著周圍樹林的能量光環。那情景無比美妙，我不再感到孤立隔絕，我只是融於這美景中，成爲其中一份子。

大哥克里斯一直是我的好朋友，儘管我們相差了七歲。毫無疑問，我們倆是靈魂伴侶，命中注定要幫助彼此成長。我們倆都熱愛音樂、戲劇，共同愛好讓我們一起模仿了從一九二〇年代到一九五〇年代電影中出現的每一種舞蹈潮流。我們最喜歡跳查爾斯頓舞（Charleston）、霍特納尼舞（Hootenanmy）和搖滾舞，還一起去舞會、劇院、音樂會。長大後，我所有的教學磁帶，包括冥想、演講、自我學習等各個種類，都由克里斯擔任音訊工程師，他還爲我在一九九三年錄製的兒童靈性故事集做了聲音特效工作。他仍是家裡的開心果。

二哥邁克（Michael）擅長園藝、家政，是母親的好幫手。每到夏天，我們的餐桌上總是不缺新鮮採摘的蔬菜沙拉，色彩繽紛，香氣彌漫，那都是二哥親手種植的。我現在還記得他的菜園，整理得井然有序，一行行蔬菜排得筆直，他把菜地料理得連一根雜草都不敢冒頭。也就是在那個時候，我開始注意到不同蔬菜的能量光環彼此未必相容，要是兩種蔬菜的能量光環互相打架，那它們就長不好，而彼此匹配的就欣欣向榮。這一現象激發了我對大自然的興趣，很快我就發現植物之間和人一樣，也有互相合得來合不來的。

我的弟弟馬克（Mark）則是個很有靈氣的男孩，從小到大，他一直都是我的暖心夥伴。

我母親是名才華橫溢的家居裝飾師，極富創意，每當我注意到一個色彩，她立刻會把它精確地描述出來。我還記得我曾拿著好幾個相近的色彩來追問她，當時這些色彩都很難命名。有一次我問她某個顏色到底是紅色還是棕色，她告訴我說那是赤陶色（terracotta）。我還拿出一系列不同的棕色，我母親仔細分辨這些色彩，將它們命名爲蘑菇色（mushroom）、小鹿色（fawn）、鹿皮色（doe-skin）、核桃色

（walnut）。在我們家，不存在什麼棕色、藍色、綠色、紅色，各種各樣的顏色都有自己專屬的名稱、專門的用途，用於家居裝飾、衣飾或造景。

等我上幼稚園後，我們老師讓全班小朋友畫綠樹，這可難住我了。我瞪著面前的白紙，眼前浮現出一棵樹，樹幹色彩豐富，有各種棕色、紅色、灰色、藍色、綠色、黃色、橙色。而樹葉則包含了繁雜的灰色、綠色、黃色、橙色、藍色、紫色，還有各種灰白色。於是我舉手問老師到底該畫什麼顏色。老師很有耐心，說班上彩色鉛筆的數量有限，我們自己想辦法畫吧。等大家畫好後，每個小朋友都要發言，說一說自己的畫。輪到我時，有那麼一會兒我什麼都說不出來。後來我站起來說：「我畫的樹不是眞的，是一棵假樹，因爲那上面沒有眞樹的顏色。」老師無語，趕緊要下一個小朋友發言。在我上學的頭幾年裡，我一次次地遭遇被人誤解的情況。

在我七歲生日的時候，我父母送了我一整套達爾文牌色鉛筆，總共七十二種顏色。這一點都不奇怪。

我上預備學校後，吃了許多虧，終於學會應該閉嘴，不跟別人說我看到的能量光環。有一次，我發現坐在我前排的一名女生的能量光環有異，她要麼是生病了，要麼就是馬上要尿褲子了。我馬上告訴了老師。老師問那個女孩是不是要上廁所，她卻不承認。十分鐘後，她在地上尿了一灘。很不幸，我忍不住大笑起來，罪有應得地受到老師嚴厲目光的斥責。老師困惑地瞪著我，搞不明白我怎麼會知道。

幾個星期後，一個男生的木頭鉛筆盒不見了，那是他父親送他的生日禮物。全班同學上上下下找了個遍，老師懷疑是不是有人偷了鉛筆盒。我察看同學們的頭頂，發現了那個賊。我舉手報告老師：「是彼得偷的。」老師問我有什麼證據，我完全回答不出來，只好喊叫：「我就是知道。」彼得開始狡辯，一再說自己和此事無關，他尖叫著罵我是「撒謊精」，我哭了起來。爲了平息事態，也爲了證明彼得的無辜，老師檢查了他的書桌，還有午餐盒和書包，結果一無所獲。老師又把彼得的開襟衫疊好，之前開襟衫丟在他的書包上，這時鉛筆盒從開襟衫的袖管裡滑了出來，全班同學都驚呆了。再一次，老師用疑惑的目光看著我，她問我是怎麼知道彼得偷了鉛筆盒，我啞口無言。不管怎麼說，我解釋不清我是怎麼知道彼得是小偷的，我告發了身邊的同學，弄得自己很有罪惡感。在一些同學眼裡，我所做的都是在陷害別人。慢慢地，我把自己封閉在自我的小世界中，逃開他人的質疑和評判，這一行爲模式到我青春期時達到頂峰，當時我認爲我再也不會向世界坦承眞實的自己了。

我不知道自己怎麼了，就在寵愛我的奶奶那裡尋找安慰，她疼我都來不及了。每當我不由自主地察看她某個鄰居的能量光環時，她總是輕輕地捏捏我的鼻子，說：「誰是我家的小機靈鬼啊？」我懷疑她知道我有特異功能，只可惜她在我七歲的時候就去世了，因此我從未向她求證過。我是從家人的談論中推斷我奶奶肯定心知肚明，因爲我爺爺就天賦異稟，只要他在場，所有的鐘錶都會停止，他一生都不戴錶。我現在知道像我爺爺這樣的情況，是天生具有超強的電磁場，我也繼承了他的異能，只是我作用的對象不是鐘錶，而是電腦。

小學轉學讓我喜憂參半。我已經掌握了避開麻煩的技巧，而且因爲能看懂老師的能量光環，我可以更能跟上節奏。我很快適應了新班級，甚至還覺得教我們的天主教老修女其實人不錯，這讓同學們嫌惡。孩子們都憎恨這個凶巴巴的老師，她揮起木戒尺，就像揮起鞭子，敲在學生的指關節上，打得人生疼。好在她多半都是將尺子在空中揮動，很少眞打到皮肉。說到底我們都不過是六歲的小孩子嘛。老修女讓我們懼怕她，以這種方式來培養我們對上帝的敬畏。沒有人說她的好話。多年前她也教過我的叔叔保羅，依據他的回憶，無論是爲人性格還是教學方式，這位老師顯然從未有任何改變。

人們對她的惡評喚起了我最初的救世軍情懷。每天上課的時候我都研究她的能量光環。我發現有一次她曾自我懷疑，覺得自己不是那塊料，擔不起傳播基督教義的使命，而且近年來她的身體越來越衰弱，影響了她的注意力和對人的態度，讓旁觀者覺得她招人厭惡。我以孩子的方式了解並同情她的痛苦，且深深地愛著她，可惜我的一番好意並沒有讓她領會到。

到了下一個學年，我解讀能量光環的能力進一步加強，更能看懂人們身上散發出來的色彩和光線。禮拜天的教堂尤其成為我訓練自己解析能量光環的好地方。各個年齡的人們來到教堂禮拜，各自帶著不同的人生閱歷。這讓我在無人覺察的情況下迅速了解各種類型的人。我每週都盼望能去教堂看人們的能量光環，看看色彩和模式有何變化，來預測他們的運勢。

我最喜歡看的是聖禮遊行（Sacramental processions）。記得有一次，一群七、八歲的女孩子組成很大的遊行隊伍，她們全都身著白裙，披著白色面紗，由穿著相配服飾的男孩子陪伴，緩緩步入教堂，去領她們人生的第一次聖餐。她們的光環能量高漲，緊張情緒與靈性喜樂交織在一起，整個遊行隊伍的光環呈現出一片粉紅、紫色、淡藍與金色的交相輝映。

能量光環的明亮色彩讓我入迷。有一天，我和一個女孩子一起等著過馬路，看到馬路對面站著她的一個街坊鄰居。我注意到他的能量光環色彩黯淡，光線稀薄，其中還散布著黑色、淺灰色的斑點，我不知道這到底意味著什麼。幾週後，他去世了。這使我第一次意識到人體的能量光環是有複雜含義的。突然之間，這些交織著不同色彩的光團有了嶄新的意義，不再僅僅是好奇幼童的遊戲。我很快就明白能量光環展現了一個人的一切。我的生命覺知擴大了，而人際關係也隨之變得尤爲微妙。

我整個童年時代充滿了各種色彩，在我個人的成長歷程中，各種人和空間對我所起的作用巨大。我解讀人體能量光環的能力與日俱增，日益精確。到了十四歲，我發現自己已經能夠一眼就徹底看懂一個人的能量光環。我對周圍的人失去信任，陷入困惑，因爲我能夠清清楚楚看到他們心底每一個隱祕的動機，他們的優缺點一覽無餘。我不斷感到有必要糾正錯誤，我反抗人生。

當時反越戰運動正如火如荼，還有什麼行爲比這個更充滿正義呢？電視上的晚間新聞裡，政客們誇誇其談，我卻能從這些人的能量光環看出他們的眞實想法。正是在那一時期，我發現自己能從電視畫面和照片中看能量光環。我的能力飛速增長，但這一天賦非但沒有給我帶來歡喜，反而讓我煩惱困惑，充滿憤怒。我異於常人，無比孤獨。哪怕我好心好意，也總是遭到誤解，沒人說我一聲好。我好像一直在對人指手畫腳，但這不是因爲我天性飛揚跋扈，只是我能看到他們的能量光環，知道怎麼做才對他們有好處。

我的人生越來越糟，連家庭生活都成爲挑戰。我是那麼地愛我的家人，眞的不想知道他們心中的隱祕。於是我和他們保持距離，更願意和泛泛之交相處。回顧這段生命歷程，我明白自己當時是用拒絕來處理親密關係。所幸的是我母親從未放棄過我，最終將我贏回了她愛的懷抱。

我看懂能量光環的能力持續一生，但它的發展運用卻並非一帆風順，其中充滿了嘗試和錯誤。直到我年近二十歲的時候，我才眞正找到了正確方向，因爲眞愛降臨到我的心中，我終於能夠做眞實的自己。就在我十八歲生日的前幾週，我遇見了保羅．柯林斯，我未來的丈夫。我們同在一個青年會聚會上，他坐在我的對面，我從他的能量光環中清清楚楚地看出我們必將成爲夫妻。好在他也得出了同樣的結論，只花了十天的時間！我人生的新篇章滿是歡喜，婚後二十多年裡，保羅一直滋養我，鼓勵我，他的靈魂純潔高尙，是我眞正的導師。

迄今爲止，我的人生之旅精彩紛呈。現在，我將解讀能量光環與靈療這兩種能力結合起來，來診斷慢性健康疾病，並進行治療。人們前來問診，得到積極的結果，這是我最大的滿足。我還記得一位五十出頭的男士，頭皮長了紅腫流膿的疹子，痛苦不堪。他到處求醫問藥，想知道病因，得到醫治，卻一無所獲。我看了一下他的能量光環，發現他的病因在於腎臟和神經系統，於是開始對治。在我這不過是舉手之勞，在他則是救於水火之中。

我在三十多歲的時候發現自己有靈療的能力。只要我放鬆，將雙手放在病人的身上，讓神聖的療癒力量通過我，就能解除病人的痛苦。我成立了「地球衛士療癒中心」來治療病患。我在澳洲各地飛來飛去，盡可能全力幫助更多的人，飛機成了我第二個家。每天晚上睡覺前，我都彷佛看見一張張歡笑的面容，他們因爲我的能力而獲得新生。我想，我活著是多麼有意義，因著上帝的恩寵，我全力以赴。

我的世界不再是孤獨的了，我終於能自在地做眞實的自己，我看得見能量光環，而我因此被愛。

2

人體能量光環

若你的臉不發光，你不會成為星辰。

威廉．布萊克

人體能量光環不是一個「新時代」現象，也不是發源於什麼古怪的小眾文化圈。能量光環由電磁粒子構成，它們緊密交織成不同的密度，環繞身體形成幾個層次，被稱爲「光環體」（auric bodies）。有些層次循著身體的輪廓，有些則是橢圓形的，通常被叫做「光環蛋」（auric egg）。

能量光環通常按以下三種方式來定義：

1. 具有吸收性質的能量。能量光環是開放的，可以吸收各種形式的能量。舉例而言，清晨時分漫步於幽靜的海灘，你的能量光環會吸收大自然平衡更新的能量，得到舒緩恢復。反之，如果你遭遇到憤怒的環境，能量光環就會有相反的結果，你的能量被消耗，疲憊不堪。

2. 具有訊息性質的能量。能量光環包含了你過去、現在與未來的一切念頭、情緒與行爲，具有眼通力（clairvoyancy）的人可以像讀一本書一樣讀懂你。

3. 具有生命力性質的能量。只有當你活著的時候能量光環才存在。當你生病的時候，根據疾病的程度，能量光環會相應縮小或變淡。死亡來臨，能量光環完全消失。它就像是鏡子，照鏡者是什麼樣，影子就會是什麼樣。

自古以來，一些靈性覺知能力強的人就意識到了人體能量光環，並且能夠利用能量光環來治療疾病，馴化動物，預測天氣，與亡者溝通，預卜未來，得到來自神的啓示，看見神的示現。

電磁粒子緊密交織在一起，因爲各種遺傳、人生態度、閱歷、環境等因素產生了不同的振動頻率，因此每個人的能量光環都是獨特的。由於能量光環不停地振動，人與人之間要麼彼此吸引，要麼互相排斥。

在當今的現代化技術世界，人們周圍圍繞著各種人造能量，比如電能、微波、無線電波等。這些能量形式和光環體（即能量）很不一樣，即便很少的劑量都足以對人體光環造成有害影響。而自然界的能量形式，如風、光芒、聲音等則會給能量光環充電。不過，過分暴露在任何一種自然能量下都會使光環能量流失，因爲相較於自然界強大的能量，個人的光環能量實在太弱了。

在觀察者的眼中，人體能量光環呈現出一系列不同顏色的能量光線，精細地組合在一起，顯示出某人時時刻刻的思想及情緒變化，也透露出此人的潛力。隨著人的各種波動，人體能量光環也一刻不停地移動、變化、重組形態。代表激烈情緒的色彩變動迅速，而代表專注和命運的色彩會穩定持續數月。小嬰兒的光環光線微妙，表示他們初臨世界，還在探索自己。小孩子的光環色彩及形式日趨穩定，顯示出本能的生存、連結與自立意志。

在一生中，青春期的能量光環最散亂，也是發展最快的階段。青少年眼看著自己的身體發育，喚醒他們去認識眞正的自己，此時能量光環的色彩與形式都體現出他們在自我關注方面的種種變化。他們渴望被理解，不受評判，不被苛責，也有強悍的意志和強烈的欲望，這是光環能量在努力嘗試認識自身的獨特性。青少年通過舞蹈、音樂、藝術、著裝、文化、行爲規則等方面的創意性表達，來發展自我的直

你的能量光環揭示了

健康狀況

活力與疾病

情感強烈程度

愛與被愛的能力

個人關係

短處和長處

天賦和能力

學識和成就

個人發展

經歷好壞

靈性覺知能力

過往經歷

所有這一切構成了你

圖 1

覺。生活中不斷遭遇的事件促使他們探索自己的個體意識，確立群體歸屬感。這樣的行爲和自我表達會一直持續到能量光環發展成熟，一般而言這一過程占據了人生最初的二十七年。

在生命過程中，如果一個人的能量光環被迫停止發展成熟，將會影響到人格的各個方面。一個失能的人會困在自我破壞的模式中，可能永遠也體會不到成熟且平衡的能量光環，也因此永遠不會明白何爲長期幸福，不懂如何安身立命。

從青春期末期到中年階段，能量光環的變化是由個體對生活的反應決定的。當我們步入老年時，直覺讓我們像未出生的孩子般調節自身以適應環境。身體機能退化了，能量光環的感受力卻大大增加。過去因爲日常生存模式而形成的能量光環的顏色與形態本是固定的，現在隨著我們臨近生命的下一階段，即死亡，而變得微妙起來，帶著新生命的氣息。到了此時，能量光環完成了整個週期。

能量光環有七個層次（詳述見後文），每一層都在你日復一日的生命中起到獨特的作用。通過了解能量光環各個部分的作用和流動變化，你可以清楚自己的整體狀態，也可以明白周圍的人事物對自己的成長學習有何影響，你的內在理解力將會覺醒。

七層光環體

生理光環體

生理層是最接近身體的光環體，顯示了你健康狀況的好壞。當你直覺到你的朋友身體不太好時，你感受到的是能量光環的這個層面。若是去觀察生理層，通常看到的是貼著皮膚表面的一層明亮的白色或奶黃色，或是很淡的藍色，厚度大約是三公分。每一個個體光環的能量粒子都獨一無二，這使得動物能夠據此追蹤人類群體或某一個人。動物的感覺靈敏，除了人體氣息，還能探知能量光環生理層的電磁

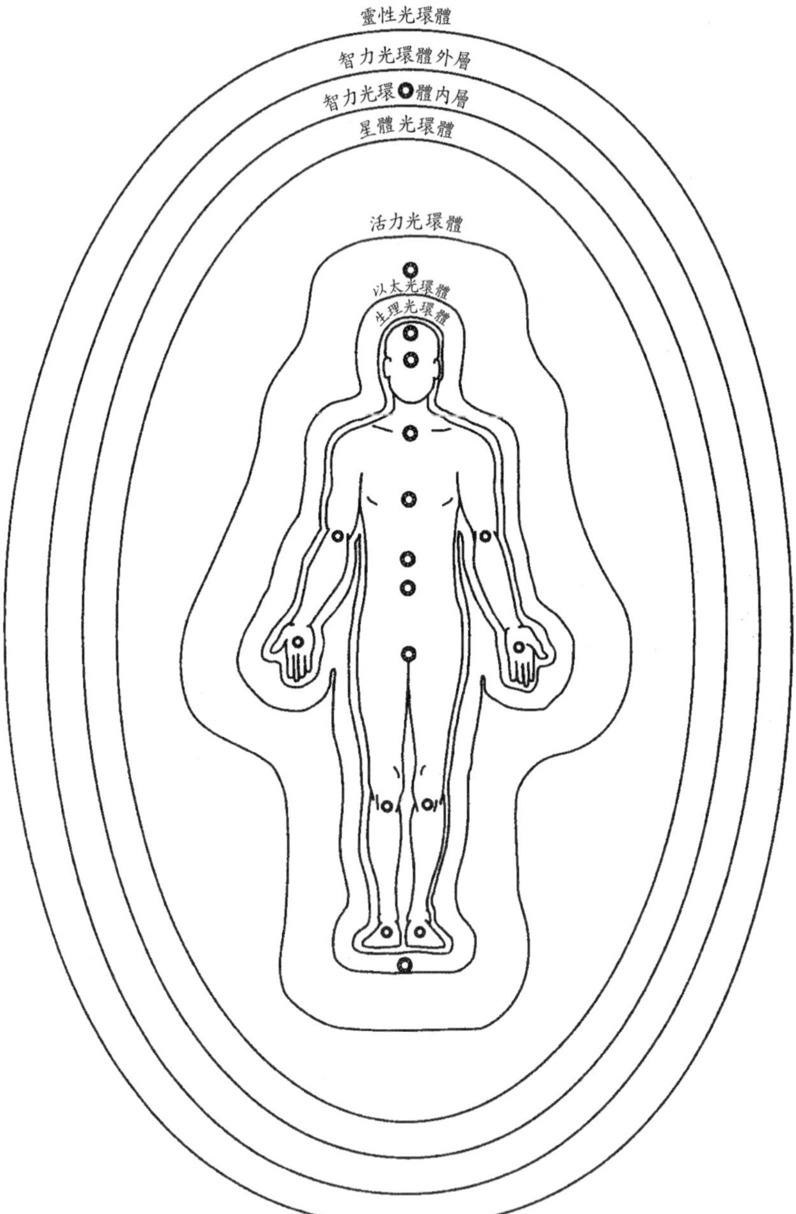

圖 2：人體能量光環層次

粒子。尤其是貓、狗和馬，許多人都知道牠們會因爲主人患病或心情痛苦而躁動不安。

健康狀況良好的情況下，沿著整個身體的周圍會有一圈無間斷的明亮光環。當一個人身體健壯，從他的頭上或手上很容易就能看到生理光環的電波。

健康狀況出問題的話，在身體的受損區域能夠看到生理光環層出現腫塊，看上去就像是一碗胡亂攪拌的粥裡的結塊。童年時受的舊傷常常能從這個層面探查到。我丈夫是自然療法從業者，有一次，他無法解決一位病患的疼痛，無奈之下他給我打了電話。我看了那名患者，說出了十年前他在一次水上運動中出意外，頭部受傷。患者既震驚又迷惑，結結巴巴地肯定了我的陳述。他在滑水的時候跌進水裡，頭狠狠地撞到了滑水橇上。現在的治療對他的疼痛無效，是因爲疼痛來自於更深層的身體內部的淤血。有了這些補充訊息，我丈夫得以妥善地處理了患者頭部和肩部的病症。

像癌症或慢性疲勞等慢性病在生理層造成的腫塊，有可能凸起達到以太層或活力層，因爲這些疾病也會發展出情緒反應，而情緒狀況會在這兩個層次中表現出來。

遺傳性失調也能從生理層看出來。有一次，我和我的愛爾蘭出版商朋友德克蘭·懷特一起在都柏林的一家酒吧小坐，同座的還有舉世聞名的玄學大師斯圖亞特·懷爾德（Stuart Wilde）。有一個叫布萊恩的人向我們走來，斯圖亞特一見到他就說：「這麼多年了，你怎麼還這麼瘦。」一邊指著自己的肚腩。布萊恩聳了聳肩。我大笑著說：「哦，斯圖亞特，要是你能看見能量光環，就知道布萊恩有家族遺傳性的腸胃功能失調，我敢打賭他們全家都是瘦子。」我一語中的，布萊恩被吸引了，擠到我身邊坐下，和我細談，還詢問治療方法。

生理光環體可以通過克里安照相術（Kirlian photography）記錄下來，這是由俄國科學家瓦倫提娜（Valentina）和謝苗·克里安（Semyon Kirlian）發明的。將手放在電極板（plate-electrode）上，再由高頻電火花發電機（high-frequency spark generator）爲電極板短暫充電，就能在膠片上留下手部的能量光環影像。影像的清晰度取決於你的健康狀況。以我爲例，我的能量光環很強，影像中從我的指尖延展出長長的、又濃又黑的能量光圈，這顯示我身體健康，且有靈療能力。

以太光環體

以太層不同於任何其他的能量光環層，它是雙層的。第一層與生理光環體很像，是整個能量光環不可分的一部分。它看上去是圍繞身體的一圈藍灰色的霧，泛著銀光，從生理層往外延展出十公分左右。第二層是無數發光的色彩，它被第一層遮蔽，代表的是永恆的自我（eternal self），會一世又一世地跟隨著某人，其作用是記憶（通過潛意識）一個人的一生，在死亡的時候載著靈魂離開。在催眠的作用下，可以誘使心識從以太光環體的第二層搜尋出片段訊息，揭示出童年或過去生的經歷。無論是在顯意識或潛意識層面，只要心識開始相關活動，能量光環中就有可能會出現過往經歷的畫面。有一次我和一個年輕女子交談，她總是嚮往去斯堪地那維亞諸國旅行，這時她的以太層顯示出她過去生的畫面——一個有著維京血統的農婦。

有些具有眼通力的人可以完全感知這個層面，清楚地查看人的記憶儲存庫。隨著你的能量光環視覺變得敏銳，你能夠透過第一層泛著銀光的藍灰色霧氣，看到第二層鮮艷發光的色彩。

以下事例可以對以太層的性質說明一二：

幻肢症與以太層有關。由於以太層準確複刻了你的身體，而且永遠完整，一個人即使早已缺失了某部分肢體，還是常常能清晰地感受到那部分殘肢。直到生理層一再告知以太層此肢體已經缺失，假以時日，這種幻肢感才會平息。所以以太光環體可以說是一個人最基本的存在狀態的反映。

瀕死體驗也是以太光環體的第二層在死亡時的覺受，體驗者從身體脫離，懸浮在物質世界之外，彷彿懸置於時空中，可能會看到自己的身體，有些案例中看到躺在手術台上的自己，會感到奇怪，自己怎麼能夠同時出現在兩個地方。他們從不知道人還擁有一個以太光環體，儲存著所有的記憶。多年來我幫助過許多人，讓他們明白在生死之間的這段體驗究竟意味著什麼。

當身體死亡時，靈魂由以太光環體承載進入非物質世界，在那裡靈魂可能重新見到家人或朋友，也有可能感受到我們通常稱爲神的愛的顯現。在臨床上宣佈死亡後又復活的人在談起他們離開身體後的經驗時，常常會像上面這樣描述。

人在兩地同時出現是將自己的以太層投射到另一個地方，與另一處的人相會。一些古代的宗教中，信徒花多年的時間訓練自己掌握這門技術。如今也有不少人試圖通過冥想或某些專門的練習來發展這種能力。不過，覺悟的人不需要這樣的訓練，他們的意識廣充於天地之間，本來就能在任何地方同時出現。

在本世紀（編按：作者著書時為二十世紀），義大利方濟各會的修士聖畢奧（Padre Pio）神父自身住在聖喬瓦尼羅通多，但卻能出現在世界上其他地方，療癒那裡的人。神聖的印度上師兼療癒師賽．巴巴定期通過異地現身來教導他的信徒。據說當他的信徒聚在一起冥想或討論的時候，他會出現在這一大群人面前。

各個時代以來，直覺力敏銳的人總是能看見精靈、鬼魂或聖靈。他們的感知能力超群，能夠穿透現實的物質世界，看見已逝生靈的以太體，並與它們交流。

我的一位病人曾經向我描述過這樣一段故事。當時她正在廚房裡煮咖啡，感覺到有人在看著她，轉身後看到她的女兒靜靜地站在那裡，臉上帶著朦朧的微笑。女兒嘴裡喃喃道：「再見了媽媽，我永遠愛妳。」我的客戶問女兒出了什麼事，女兒的身影消失了。在接下來的片刻時間中，她以為自己肯定出現幻覺了。二十分鐘後，門被敲響了，是警察。他們通知了一起嚴重車禍，她女兒當場死亡。直到那時她才意識到剛才是她女兒回家與她做最後的告別。

雖然這樣的故事並不罕見，但許多人並不願意接受這樣的事實，不願意承認靈性世界就在我們身邊，每天都會給予我們指引和幫助。每個人都有一個守護精靈，隨時都願意與我們密切交流，給予無條件的友情。

幾年前一個春日的清晨，聖耶柔米出現在我的床腳邊，和我說話。他穿著一件破破爛爛的短袍，身體精瘦，彷彿從未吃飽過，留著稀疏的灰白長鬍鬚，他早已去世，這是他的以太體。他說的每一個字都準確清晰。他一直來到我身邊激勵我，幫助我，直到二〇〇三年我們的合作圓滿爲止。

活力光環體

活力層沿著人體輪廓由一縷縷不同波長的明亮光線構成，從以太層向外延伸可達三十公分。活力光環體是一個人眞實生命力的顯示，也是光環層中唯一一個雙向能量系統，既向外輻射能量，也可以從周遭環境吸收能量，而其他光環層只能吸收能量。

當你真的融於自然中時，會感受到大自然寧靜的生命力觸動了自己的心扉。這樣的時刻就是活力光環體正在吸收大自然的能量，進行自我更新。從能量光環感知的角度而言，你會覺得輕鬆自在，生機勃勃，煥然一新。不過無論你感覺如何，大自然平衡的力量會讓你從心底升起內在的滿足感，你能與自己和平相處。你對生活做何反應取決於活力層。性格、情緒、自我形象、個體活力都可以從這一層次顯示出來。

當人們激動的時候，活力光環體會擴展，而當人悲傷憂鬱時則會縮小。當你感覺到世界在你面前關閉了大門，那是表明活力光環體變弱了。如果有人對你發怒，而你的星體光環體沒能對此徹底地處理，能量就會被活力層吸收，進而影響它的交互運作模式。而且，如果活力層的能量不能流動，身體的細胞組織就會開始衰敗。當然，此類對於能量光環的永久性傷害是經年累月自我損害的結果。

在死亡前的數小時或數日，有的甚至是數週前，活力光環體失去了色彩，這是命不久矣的確切徵兆。相反，如果某人實現了自己的人生目標，取得了事業的成功，或成就了靈性證悟，他的活力層會如同穿透迷霧的燈塔般閃閃發光。當這樣的人出現時，他們魅力四射，讓周圍的氣氛隨之變化。

一九九三年十一月，我在澳洲西部的「覺知生活博覽會」上，當時正在畫一個人的能量光環，突然感覺到腦後有一股強大的能量，就像有人在伸手碰觸我。我下意識地將左手伸到腦後，立刻就觸摸到一隻溫暖的男性的手。我的第六感在幾秒鐘之內就判斷出這一定是一位覺悟的人。保持在定境中，我轉頭面對著他。我們就這樣一言不發看著對方的眼睛，彼此的能量光環卻在用只有它們能理解的語言互相交流。有人在旁邊說話，這神奇的時刻突然結束。

他的能量光環充滿活力，無比自在，顯示出猶如從灰燼中涅槃重生的鳳凰般強大的力量。當他從我身邊走開後，有人問我是否認識他，我完全不知道他是什麼人。這位神秘的男子是羅伯特．清崎（Robert Kiyosaki）（編按：該男子為《富爸爸，窮爸爸》作者），白手起家的百萬富翁、演講家和作家，出生於夏威夷，現居亞利桑那州。一九七九年，他遭遇財務危機，卻在一九九〇年四十三歲的時候達到財務自由，再也無需為生計操勞。從一九八二年起，作為「加速學習法機構」（Accelerated Learning Institute）的創始人，他在全世界教授創造財富的原理。他的學生中有教育家、培訓師和領導人。

第二天，我正專心致志地畫一位老年人的能量光環，突然有所觸動，抬起頭來喊道：「羅伯特？」然後聽到一個興奮的聲音回答我：「不是，我是他太太金。」我是從她的身上感受到她丈夫的能量光環了。不管是在家裡還是在工作中，當我們與其他人共同生活時，我們的活力光環體會從同伴身上吸收一部分的能量。因此，當具眼通力者觀察我們時，能看出共同生活者對我們的生命力所產生的影響。

星體光環體

好的或壞的人生經歷對我們產生影響的第一個所在就是星體層，它圍繞著身體形成一個彩色的橢圓型，被稱爲「光環蛋」。從活力層的外緣起，星體層可延展約十到六十公分。新手觀察者很難看到這個層次，但有通靈能力的人很容易就能看見。即便有些不費力就能看見能量光環的人也從未見過星體層。

我總是把星體光環體叫做「攪拌機」，它把各個個體的因素攪拌在一起產生一種整體物質。對我而言，這是最簡易理解星體層的方式。只要三個或以上的人聚在一起，他們的星體光環體就開始啓動，互相參雜攪拌，爲彼此互動準備一個流暢平衡的背景。從能量光環的層面來看，我們隨時都從周圍的能量來源予取予求，不需要進行有意識的思考。在星體層，各種形式的能量都能影響你：人物、植物、光、聲音、電，等等，而且星體層會盡可能地吸收一切能量。這就是爲什麼住在高壓電站或高壓線下面的人或動物會在一段時間後產生健康問題。我可以想見，在這樣的情況下，異類電流不斷影響負責電磁平衡的星體層，使其混亂失效。

光環能量在星體層是非常活躍的，會和其他能量自由互換。它首先在家庭成員之間能量共享，形成所謂的家庭能量場，然後會擴展到與鄰居互聯，形成街坊能量場，再推至社區能量場和社會能量場。社會能量場在大氣力場的作用下最終形成全球能量場。

你的生活中每大都可能遇到星體光環體起作用的例子。比如說坐公車或火車旅行，起初你可能興致勃勃，但是到達目的地後你卻變得疲憊不堪。一路上同乘的旅客若是鬱悶憂愁，他們的負能量會吸乾你的正能量，改變你的心情和能量等級。要是你一再遭遇這樣的境遇，建議你多做強化能量光環練習，讓它們保持平衡。有時候情況正好相反，你開始旅程的時候心情焦慮不安，但同行的其他人都興致盎然，這會讓你也變得振奮起來。

小眾文化和社會信念會固定在社會星體能量場。下次你再到城裡逛街時，注意看一下青少年的髮型和穿著打扮。他們正是敏感年紀，易受影響，尚未定型，他們的星體光環能量非常容易被各種潮流裹挾。

暴動是又一則說明星體光環能量具有統合力量的例子。一個憤怒的人可能會吸引其他幾個發牢騷的人的注意力，激發他們的不滿情緒，這些人合在一起會點燃狂暴的火焰，無需多久，越來越多心有怨氣的人加進來。在共同星體光環能量的衝擊下，突然之間，非暴力的人會做出最殘暴的事情來。

有意思的是，選舉日也是深受社會星體能量光環影響的日子。那些所謂的「搖擺群」和「騎牆派」會在社會主導星體能量光環的洪流下根據主流民意投票。

這並不是說具有融合力的星體能量光環一定會帶來負面影響。當一個冥想或療癒的群體在一起放鬆三分鐘左右，就能將整體能量調整爲共同的和諧與專注。這種平靜且振奮的光環能量交流互動有助於直覺表達，激勵靈性成長。遭遇到不幸與困擾的家庭，我建議家庭成員可以花二十分鐘安靜地坐在一起，圍成一圈，閉上眼睛，將心安住在積極的心念中。

星體層也儲存了過去和現在的生命記憶。「似曾相識感」就是一個例證，人們經常會有這種感覺，這是因爲星體能量光環清楚你全部的生命經歷。在它認出某個人或某個地方時，會給心識發出訊息。當你的意識開始努力搜尋記憶，「似曾相識感」就被激發了。催眠師可以引導你記起所謂的遺失或埋藏的記憶，這是因爲你放鬆內心，感到安全，星體能量光環釋放出了那些記憶。

一個名叫麥克的年輕人一出生就被領養了。他對生母並沒有怨恨之心，然而沮喪感卻始終伴隨著他，他覺得被遺棄了。他的內心一直害怕傷害他人的感情，寧可受傷的是自己。

我和麥克一起去找我的同事兼朋友，他叫克勞斯·雷赫（Klaus Reiher），是一位催眠師。雷赫將麥克的意識帶回到母親的子宮。在那裡，麥克能夠眞正地設身

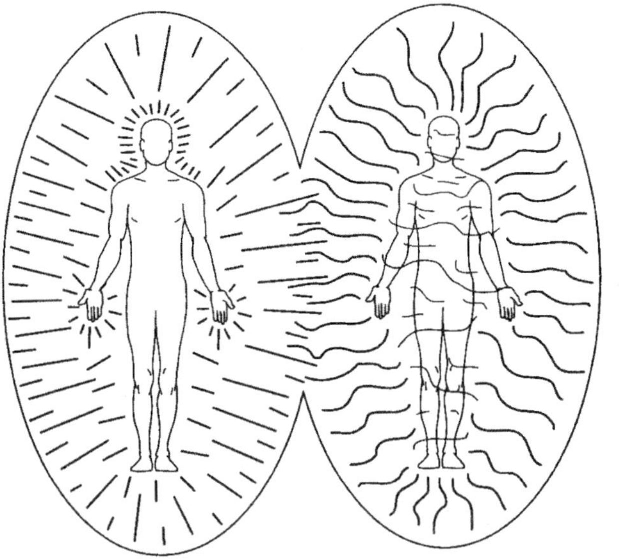

魅力四射的能量光環（左）與情緒混亂的能量光環（右）相融

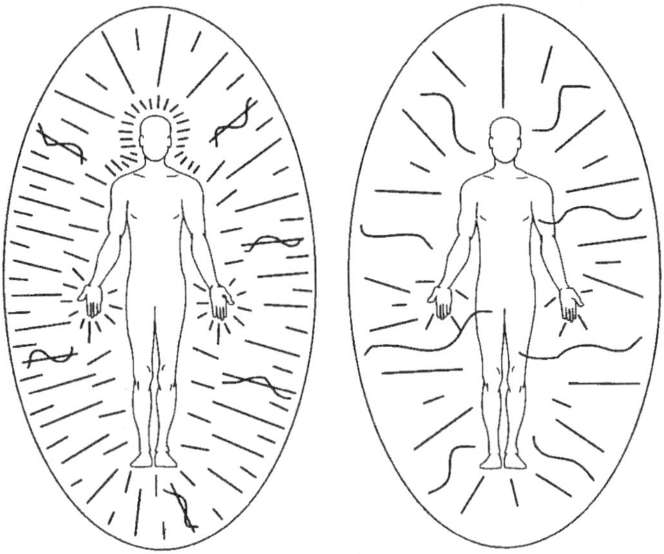

魅力光環（左）吸收並處理右側混亂光環的能量，
發射出療癒的能量，讓混亂光環得以穩定。

圖 3：星體光環的作用圖解

處地，對母親感同身受。從催眠中醒來後，麥克泣不成聲，哭著向我們說了母親是多麼地想要留下他。知道這一點對他來說已經足夠了，足以讓他好好繼續自己的人生。幾週後，他結束了一段痛苦的關係，他與女友交往了很長時間，但對方卻一直壓抑窒息著他的創造才華。

因爲你的星體能量光環可以與家人和朋友互動，因此具眼通力者可以通過觀察星體層而獲知你家人朋友的情況，以及你曾遭遇的情感創傷。有一名婦女來我這裡尋求治療她髖部的毛病，她向我描述病痛症狀。我打斷她，詢問起她兒子鼻腔的問題。我之所以能準確地探查到她兒子的病痛所在，是因爲他們居住在同一屋簷下，他們的星體能量光環互相溝通。

自殺傾向最初也是在星體光環層顯示出來。原本明亮鮮艷的色彩變得黯淡，隨著主人抑鬱程度的加重，星體能量光環向內擠壓活力光環，抑制活力層的流動，最終無法救治。

星體能量光環的磁場搖曳變動，讓我們與他人相戀，墜入愛河，或緣盡分手。那種永遠相愛的眞愛需要兩個星體能量光環合二爲一。

當你與你的星體能量光環體和諧一致時，它會展現出世上美好事物的豐富多彩，讓你的人生充實富足。

智力光環體內層

智力光環體內層展現了一個人的認知與智力水平。它從星體層外緣向外擴展五到二十公分，呈現出不同色調的黃色，表明一個人的狀態與專注程度。當人的心識活躍起來，智力層內層會顯示出生機勃勃的金黃色能量在搏動。

幾年前的一個傍晚，我正在雪梨的「身心靈大會」現場工作，熙熙攘攘的人們從我的工作攤位前走過，他們頭頂上都散發出明亮的黃色能量。這是爲什麼呢？我很好奇。最後終於發現，原來是周圍辦公大樓裡的職員下班了，路過會場所在地。

電腦操作員、會計、律師、銀行職員、秘書和辦公人員都下班了，他們顯然還沒有從一天的工作狀態中走出來。

我會運用智力層內層來幫助前來諮詢的人找到適合自己的職業方向，學會自我諮詢並做出決定的技巧。不過要注意的是，智力層內層有時候會和星體層參差難分，新手觀察者很難分辨。在這樣的情況下，需要掌握技巧，耐心查看，才能準確辨別出不同層次。

有的人夢想高遠，但不管他們怎麼努力，卻總是會一次次地面對失敗，最後他們會得出結論，認爲有什麼不可知的因素阻擋了前進的道路。我經常遇到這樣的人，和他們略作交談，再觀察一下智力層內層，我就能指出是什麼樣的執念或恐懼阻礙了他們的步伐。這樣就能幫助他們調整自己。

當一個人自欺自愚的時候，也能從智力層內層看出端倪。在我舉辦的課程或其他集會上，常有人跟我說他們擁有眼通力。只需看一眼他們的能量光環，我就能知道他們說的是不是眞的。也有父母經常帶著他們的小孩來找我，因爲孩子跟他們說自己見到死去的親人，或是和想像中的夥伴一起玩耍。我和小孩子有過很有趣的對話。

有一個十二歲的女孩對她的父母說晚上睡不著，因爲入夜後不久，她就會聽到喃喃說話的聲音，有時候她還會看到一張桌子，上面有一個反扣的水杯。我聽到這些後，意識到可能是靈界有人想和家裡人交流。我查看女孩的智力層內層，確定她不是出於想像而說的故事。又看了她智力層外層的靈性活動，最後確定她說的是實話。我讓這家人去了一所靈性教堂，他們可以在那裡學習如何與靈界溝通。這個女孩有靈媒的天賦，需要悉心培養，我自己太明白若是得不到適當的訓練和監護，像這樣的孩子會經歷何種磨難。

有一個有趣的現象，那就是孩子在人生最初的十年裡，會運用智力層內層來操控自己所遇到的人。剛出生的嬰兒會用眼淚和哭喊來贏得關注，讓自己的需求得到滿足。年輕的父母會焦慮寶寶是否生病，是否有什麼不對，直到他們掌握了小嬰兒的交流方式。孩子還特別會在父母之間挑撥，加以利用，爲自己找好處。隨著孩子慢慢長大，他們一步步了解自己行爲的底線，什麼樣的行爲會得到肯定，什麼樣的是不被允許的。

有一次，我在超市遇到了一件很尷尬的事。一個一歲左右的男孩坐在手推車內拚命哭鬧，他的母親年輕且毫無經驗，就對他大喊大叫，讓他別哭了。我看得出來她已經手足無措，完全不知道這孩子怎麼了。我猶豫了一下，還是上前告訴她孩子是耳朵疼，讓她用手摸一摸孩子那發燙的耳朵。她把孩子抱在懷裡，雖然向我道了謝，但顯然非常尷尬，也很困惑。通常在公共場合我不會干涉他人的事務，但這個小男孩太可憐，我於心不忍。

當我們從童年進入青春期，又步入成年，星體層和智力層內層會穩定下來，讓情感與理智達到平衡。大多數人在三十歲左右達到相當程度的平衡。當我們年歲漸長，這樣的平衡會進一步穩定。然而，現代文明對人性造成壓抑，我常常看到人們在壓力下焦躁不安。追逐事業成功的人們緊緊抓住理性智力，拒絕情感的滋養。反之，頹喪的人們沉溺於扭曲的情感，阻礙了智力的平衡作用。當一個人被生活中的問題困擾時，會在智力層內層閃現琥珀色的光線。若是由來自星體層的情緒激發出紅色光線，表明此人有很深的憤怒，當這光線穿透到智力層內層時，會影響清晰思考的能力。灰色光線也發源於星體層，表明此人陷入自憐自艾中，光線的顏色越深，顯示此人的自殺傾向越嚴重。

幾年前，我被一名婦女叫去附近的一家醫院看她的丈夫，他在遭遇事故後就昏迷不醒，人們不知道他為什麼不能甦醒過來。我查看了他的能量光環，發現在智力層內層顯示他非常害怕會殘疾。簡言之，他太害怕醒來發現自己殘疾了，因此留在了昏迷狀態中。我告訴他妻子原因所在，也建議了一些她和家人能做的幫助措施。我還查出傷者腦內的一處淤血，並實施了療癒，讓血塊消融。家人日夜守護在病床旁，一再讓病人放心，告訴他他的情況良好，使得智力層內層能夠刺激其他能量光環層，加速痊癒。十二個小時不到，病人就甦醒了。

精神疾病會造成智力層內層的橢圓形狀失去對稱性，看上去就像被拉扯過一樣，有時候還會出現邊緣破碎。嚴重精神疾病的情況下，還會在星體層和智力層內層之間查看到類似息肉狀的變異。

智力光環體外層

經過多年的歷練，我才看到了智力層外層。它有高度的能量，以高頻振動，肉眼很難看到。它從智力層內層往外延展可達六十公分。

當你冥想時，意識達到神聖境界，就會連接到智力層外層。它的作用是將無形無相的訊息傳遞到智力層內層，以念頭、情感、色彩、聲音、氣味、符號等來加以解讀。智力層外層與宇宙智慧相通，每一個人都可以通過它來增強天賦，達到身心靈的平衡。這就是爲什麼天各一方的發明家常常會在不知情的情況下研發同一個項目，彼此在相隔僅僅幾週的時間內發表成果，因此被質疑是否有剽竊之嫌。

對自我和生命具有敏銳覺知的個體可以很容易地連接上智力層外層，得到無盡的靈感激勵。畫家、音樂家、歌唱家、作家、發明家、天才的外科手術醫師、教育家、體育明星、企業家等，許多人都在努力改變世界的過程中不自覺地開啓了通往宇宙智慧的大門，因而自身也得到激勵和啓發。

有些因疾病而尋求療癒的人意志極爲堅定，他們也可能激發自己的能力，與智力光環體外層連結，並因此觸發光環體其他層次的一連串自動療癒反應。我有一位病人名叫約翰，年近六旬，他非常自豪地向我講述了他的故事。他有幾週的時間都感覺不舒服，於是去看醫師。經過詳細的檢查，終於找到隱藏的病因，被診斷出患了胃癌。醫師向他描述將要採取的可怕的醫療手段，以及不良的預後，約翰決定進行自我療癒。他大量閱讀相關資料，了解飲食、營養與癌症的原因等資訊，以及各種自然療法。然後他來到一家報刊店搜尋雜誌上登載的療癒師的廣告。他還報名參加了冥想課程，學習如何駕馭心的力量。

三個月後，他痊癒了。飲食和生活態度的改變以及內心的力量治癒了他。他爲自己的成功而驕傲，再次來到醫師那裡，堅持要求再做一次檢查。檢查結果顯示沒有任何癌症跡象，相反，他的健康得到了整體性的改善。

通靈者在深度放鬆的情況下，意識毫無牽掛，彷彿懸浮起來，可以開啓智力光環體外層，靈體就通過他們來和在世的家人溝通，或者給予啓示。當靈體降臨時，它們的神聖力量會刺激智力光環體外層，散發出淺金色的光芒，在通靈者或祕術師的頭部周圍顯現出聖光光環。

幾年前，我在一個地方性靈性教會成員集會上成爲主講人，在我演講完畢後是咖啡時間，接著是一位通靈者進入出神狀態。我一如既往地專心觀察通靈者的能量光環，因爲當他們將身心意識遷移至靈性層面時，頭部周圍會發出璀璨的能量光芒。我邊觀察邊耐心等待，但那一天什麼都沒有發生。通靈者開始說方言（foreign accent），顯然他的指導靈是一位睿智古老的東方神靈。我對自己觀察到的情景萬分驚訝，更加專注地察看通靈者的智力光環體內層，以確定自己的懷疑。可惜，那一晚通靈者只是陷入狂想中而已。也許在過去他確實與指導靈有過接觸，但那一晚神靈並沒有出現。

我本人就是通靈者，做爲稀有品種中的一員，我一直非常樂於遇見我的同類。曾有一位著名的美國通靈者來到雪梨，讓她的指導靈向澳洲的聽眾傳達訊息。集會結束後，她讓組織者帶她到我那兒，因爲她的指導靈希望我們能夠見面，交換訊息。

通靈能力在我身上的顯現完全是意外。當時我和嫂子參加學習，想增強自己的冥想意識，更加放鬆，舒緩壓力。在第一節課時，我沉入了極深的冥想中，一共有七個靈體附身，通過我向大家說話。等我恢復意識後，別人跟我說了發生的事情。

之後的幾個月裡我都充滿焦慮，很害怕在冥想中失去對自我意識的控制，因此很難放鬆。後來聖耶柔米就在我床尾出現了，我和他從此開始了美妙的合作，爲眾人服務，這爲我們倆都帶來了喜悅。

在聖耶柔米的同意下，我安排了一次

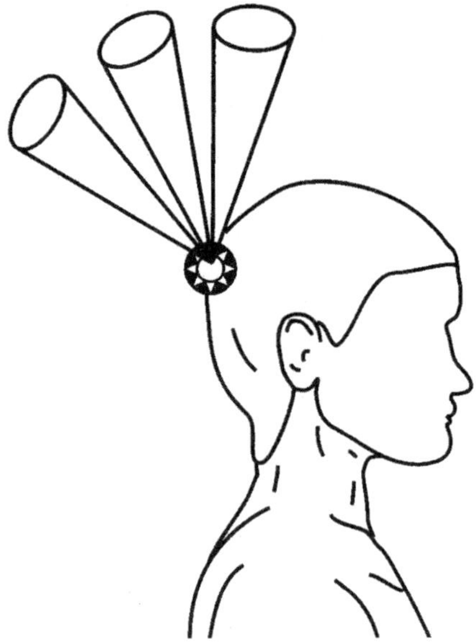

從智力光環體的內外二層可以觀察到靈界激活了因果輪，以達成交流。
當指導靈降臨時，色彩繽紛的圓錐型光束從因果輪發散出來。

圖 4：與靈界溝通

錄影，將我們共同出現的時刻記錄下來，這樣我就可以在之後觀察當耶柔米出現時我的能量光環所起的變化。開始時智力光環體外層顏色朦朧，呈自然的紫羅蘭色和深藍色，向外擴展至透明珍珠白色的靈性光環層。當我進入到出神狀態後，光環色彩開始遠離我的身體，當我徹底放下自我理智控制時，色彩發生了劇烈的變化。位於腦後的因果輪位置出現明亮的淡紫色和金色光線，而我的臉部則環繞著杏黃色的光霧。頭頂的頂輪和眉心的三眼輪擴大並合併成一個洋紅色（magenta）光線的渦流。這景象眞令人嘆爲觀止！

當指導靈降臨光環體發出啓示時，很容易從腦後因果輪所發出的光線顏色來確定它們的身份和角色。皇家藍意味著靈體是一個死去的親人。深綠色表示靈體是你過去生的舊相識。紫色、金色或銀色代表靈體屬於天使。從因果輪放射出的輔助光線顏色則顯示了指導靈將要給出的指示屬於何種性質。例如皇家藍加上一線紅色，表示靈體是一個去世的親人，將要幫助你的人生重新起步。

大多數人在一生中都能夠在某些高度覺知的情況下感受到智力光環體外層，但能夠隨時與之連結的人則少之又少。

靈性光環體

靈性層吸取宇宙能量供我們此生的生命使用。它從頂輪伸入體內，遍及身體各處的脈輪（即能量中心），將能量分布到所需的各個部位。這些身體內部的能量中心就像是導體，將光環能量輸送到各個層次。通常靈性層被認爲是和神或宇宙意識相通。它不容易被肉眼看到，如果能看見的話，它呈現出珠母白光，外面罩著一層透明的金色。

我在許多年裡都不能看見靈性光環體。等到我的療癒知識和工作經驗有了長足長進後，情況很快就起了變化。患有慢性病或絕症的病人前來找我治療，當他們經歷自然療癒的過程時，我得以親眼目睹靈性層的神奇力量。霧濛濛的金色光線一縷縷地滲透進各個光環層，在那裡停留可達四天。然後又來無影去無蹤地消失了，病人感覺宛如新生。

前來參加我的能量光環課程的人們把靈性層叫做「電池包」，這是我根據靈性層的特點給它取的暱稱，因爲它能夠重振機體的活力。巴塞隆那奧運會的時候，我看電視直播，馬拉松比賽吸引了我的注意力。其中有一位參賽者的靈性光環體向他整體的能量光環輸送能量，讓活力層和生理層都充滿力量，最後他贏得了比賽。

當一個人死期未到，卻遭遇生命危險時，活力光環體會發出訊息，讓靈性光環體自動開啓救生能量。我的一名客戶曾在駕車時睡著，車子以高速撞到路邊的樹上。衝擊力大到足以撞碎胸腔，讓他當場死亡，但他卻保持清醒。他看到一個披著藍色斗篷的女人走到車窗邊，告訴他閉上眼睛睡一覺，她會找人救他的。他以爲這是個路人，就照著她的話做。當他試著放鬆神經，緩解痛楚時，一股暖洋洋麻酥酥的感覺遍布全身，只覺得頭腦暈乎乎的，不一會兒就睡了過去。等他醒過來時，已經在醫院裡，周圍都是醫師和家人。

多年後，他因尋求療癒治療來到我這裡，在第一次治療過程中，我看見了他的指導靈，那是一位穿著藍色斗篷的女士。我告訴他我的所見，他靜靜地坐在那裡聽著，淚水滑落他的臉龐。他知道了當初救他一命的就是這位女士，而他終於有機會感謝救命恩人了。現在他明白了，她是他的守護天使。

有的人從活埋中倖存，有的曾被困在無水缺氧的環境裡超過十天，卻活了下來。這樣的人一定體驗過靈性光環體的力量。

我們幾乎從未充分運用靈性光環體。僅憑心識是無法進入靈性光環體的，它需要身心靈的平衡，再加上謙卑臣服，才能打開那通向無條件的愛與遍知的珍珠色大門。我懷疑基督、佛陀、亞西西的聖方濟各等聖人都曾生活在靈性光環體中，因此能與自然及宇宙的智慧連結，得到恩寵。心與靈達到圓滿平衡時，每天都會通過靈性光環體有意識地知道創造之神和內在之神的存在。

內在能量（脈輪）

脈輪是光環體的組成部分，是不斷旋轉的錐形能量中心。脈輪吸收能量，並將其分布到身體各處，幫助維護身體健康運行。我們可以說脈輪向身體提供生命力。若一個或多個脈輪出了問題，發生堵塞，通常會導致精神抑鬱和疾病。

人體共有九大主要脈輪，其直徑大約爲七到八公分，另有大量直徑爲二到三公分的次要脈輪遍及全身。每一個脈輪都和身體的某些器官相聯繫，與器官的健康情況息息相關，並且呈現出相應的顏色。不過脈輪的顏色對能量光環的色彩不產生影響。下文我將對人體十四個脈輪一一探討，其中包括九個主要脈輪，五個次要脈輪，兩者都是能量光環中顯著的脈輪。（其位置分布圖見圖5）

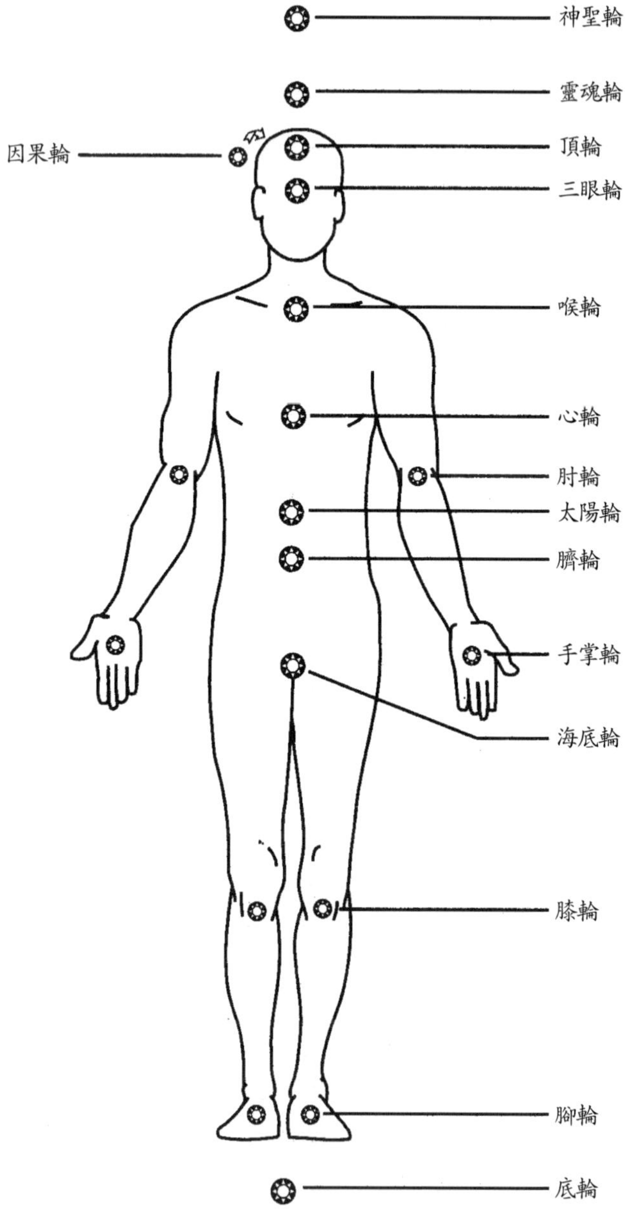
神聖輪
靈魂輪
因果輪
頂輪
三眼輪
喉輪
心輪
肘輪
太陽輪
臍輪
手掌輪
海底輪
膝輪
腳輪
底輪

圖 5：脈輪位置圖

底輪（earth chakra）（次要脈輪）

深棕色，位於腳底二十公分左右。當你光腳走在草地上時，底輪進入泥土中，可以帶來與大地連結的感覺。底輪決定集體歸屬感。

腳輪（foot chakra）（次要脈輪）

棕色，腳輪調節身體能量，使之從生理光環體向外層光環流動，直到靈性光環層。腳輪控制平衡、統合性，及心識的邏輯能力。

膝輪（knee chakra）（次要脈輪）

褐紅色，位於後膝蓋窩。膝輪調節身體能量的流動，決定目標感，也決定肩部與頸部肌肉的強弱。

手掌輪（hand chakra）（次要脈輪）

檸檬黃色，位於手掌中心。手掌輪決定創造性學習及表達。

海底輪（root chakra）（主要脈輪）

紅色，位於脊椎底部。海底輪象徵「土」元素，帶來穩固扎根的感覺。海底輪與腎上腺、腎臟、脊柱以及身體所有的固體部分相關，如牙齒、指甲、骨頭等。嗅覺亦與海底輪相關。

臍輪（sacral centre）（主要脈輪）

橙色，位置與脊柱上的骶骨齊平，帶來流暢無阻的自我感。臍輪與體內的水分有關，包括尿液、陰道分泌液、精液、唾液等。我在療癒工作中注意到臍輪阻塞的病人會有不同程度的關節炎症和摩擦疼痛。與臍輪相關的是生殖系統、性腺、盆腔和膀胱。

太陽輪（solar plexus chakra）（主要脈輪）

黃色，位於脊柱上與胃齊平處。我們在太陽輪體驗溫暖、快樂，感受向外伸展的感覺。太陽輪「火」的屬性爲我們帶來明快感。有時候我們覺得人生充實且圓滿，可是下一刻一切卻又顯得平庸沮喪。與太陽輪相關的是胰腺、肝、膽、胃、神經系統、闌尾、橫膈膜、大腸及一部分小腸。

當客戶向我抱怨他們總是倦怠乏力時，我會跟他們說是太陽輪堵塞了，使得他們不能好好消化攝取的食物。一句話，沒有火力來點燃生命之火！

心輪（heart chakra）（主要脈輪）

綠色，位於脊柱上與胸骨齊平的位置。心輪代表「風」元素。我們在心輪體驗到通透、靈動、輕盈和溫柔，體會與他人的社交互動。因此關係會給心輪帶來巨大的影響。我在治療愛滋病人的過程中注意到愛滋病患的心輪通常都是阻塞的。與心輪相關的是循環系統、迷走神經、胸腺、心臟、血液等。

喉輪（throat chakra）（主要脈輪）

藍色，位於脊柱上與喉嚨齊平的位置。我們在喉輪體驗到獨立感。喉輪是表達思想的關鍵，它顯示了我們與周圍世界交流的能力。交流可以是溫柔且關愛的。當喉輪處的能量流動衰弱時，你可能會對他人過於苛刻，對別人的意見不屑一顧。我處理過的大部分喉輪病例不外乎兩類：要麼從不為自己發聲，要麼喋喋不休。這兩個極端都會損害身體健康。與喉輪相關的是甲狀腺、支氣管、發聲器官、肺、消化道等。

三眼輪（third eye chakra）（主要脈輪）

靛藍色，也稱作「眉心輪」，因其大致位於前額眉心處。富於直覺力、想像力、隨性且即興的自我與心中道德的自我在三眼輪處相聯。三眼輪顯示了能將想法現實化的力量。比如說，你對目前的工作不滿，覺得應該有所變化，結果第二天你就在報紙上看到完美工作崗位的招聘消息，而且你還得到了面試機會，最後你被錄用了。

與三眼輪相關的是腦下垂體、左眼、下半部大腦、耳朵、鼻子、嘴巴和神經系統。我發現不育的夫婦中，會有一方或雙方都因這樣或那樣的原因壓抑了想像力自我，引起三眼輪的阻塞。若能夠治療阻塞，就有可能懷孕。

直覺力強的人三眼輪會發出靛藍色光線，穿透好幾層能量光環層。

頂輪（crown chakra）（主要脈輪）

珍珠紫色，位於頭頂與松果體同一垂直線上。頂輪是與神相通的神秘、靈性的連結處。一個開悟的人，其頂輪會發散出珍珠紫色的光線圍繞頭部，被稱為「聖光環」。光環的大小、形狀和圖案由智力光環體外層的專注度決定。當一個人處於最佳健康狀態時，頂輪會放射出波動的光線。

能與靈界溝通的人可以將心識擴展到頂輪，與神聖力量連結，傳遞訊息。與頂輪相關的是松果體、右眼和前腦。

因果輪（causal chakra）（次要脈輪）

透明銀色，位於後腦上方。因果輪幫助靈界與物質界溝通。

圖 6：能量體聖光環

頭部周圍發散出來的清晰光線表明了一個人的健康狀態、靈性層次和成熟程度。因為心識的專注在此處的反映最強烈，所以這是最容易被觀察到的能量光環部分。隨著一個人的發展越平衡，靈性覺知力越強，頭部周圍的能量光環範圍也越擴大。以下展示了一些能量體聖光環的圖案形式。

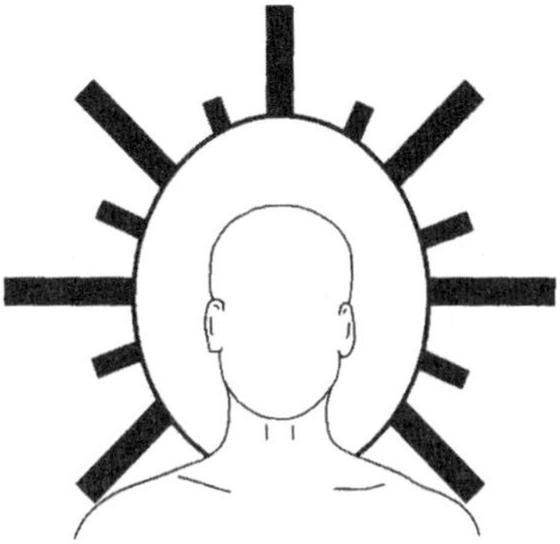

開悟光環：向外放射的光線顯示了物質意識擴展為更高層次的意識。

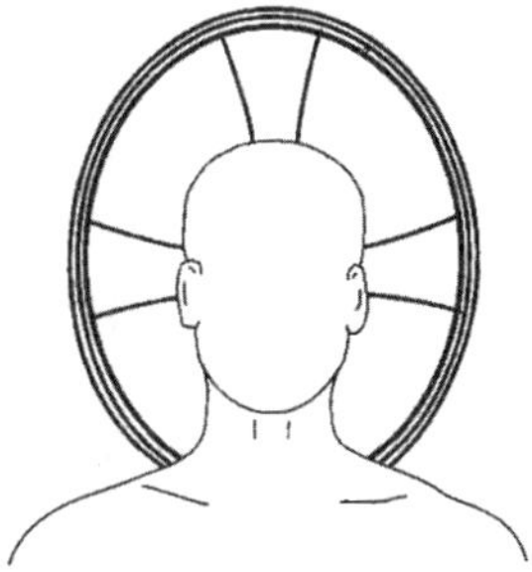

虔敬光環：光線形成的十字架圖案顯示了基督徒通過祈禱所表達的對上帝的虔心。

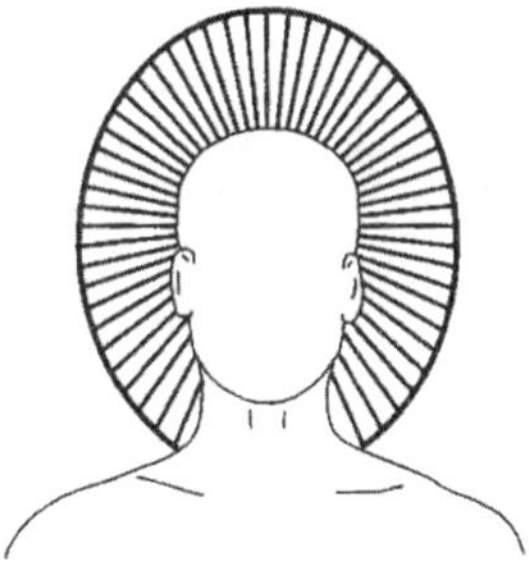

與自然連結：內部的光線顯示與自然的連結，因而感覺到與萬物合一。

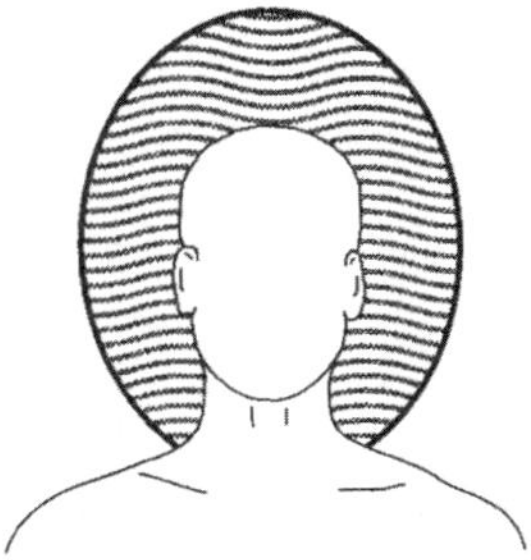

健康光環：波動的光線顯示各個能量光環層的統一而達至身心靈的平衡。

靈魂輪（soul chakra）（主要脈輪）

透明珍珠色，位於頭頂中心上方約八公分處。靈魂輪通過頂輪和三眼輪輸送力量，使人在日常生活中精神振作。我認爲它能爲靈魂充電，使人在壓力下保持平衡。

神聖輪（divine chakra）（主要脈輪）

透明金色，在靈魂輪的上方，與靈魂輪的距離因人而異。神聖輪的作用是保持與造物主及萬物的永恆連結。當我們死亡時，神聖輪完全擴展，確保我們能回歸靈界。

在冥想過程中，各個脈輪一張一縮，形成美麗繽紛的色彩，好似孔雀開屏。能量就像流水，毫無阻礙地運行。當肌肉放鬆，雜念平息，生理光環層外溢至以太層，帶來自我擴大的感覺。當你的意識連結上以太層，又擴展至其他能量光環層，身體會感覺暖暖、麻麻的。當意識連結上智力光環體外層，並刺激到靈性光環體，神聖的指導和啓示就無礙地湧入了。

只有在一種情況下，上述情形會有所不同，那就是當人處於身心疾患中時。人在此時進入冥想後，意識放鬆，會停滯在生理層，專注於療癒肉體。這一能量的轉換通常以突然一現的劇痛形式被人感受到。也有可能會造成緊繃肌肉的跳動，因爲此時肌肉正從骨架上放鬆下來。在病灶周圍會感到溫暖的能量流動。

冥想不僅能放鬆身體，緩解不良壓力，還能創造平靜的內心，幫助身心平衡，更有助於靈性發展。

關係與能量光環

正如上文所述，人體能量光環是一張藍圖，清楚展現了你是如何思想、感受和行動的，也展示出你的記憶、夢想和願望。因爲每一個人和動物的能量光環都是獨一無二的，所以你的能量光環就是行走的活廣告，昭示了你的過去、現在和將來。

我在人類的能量光環中看到悲哀普遍存在，這讓我驚訝不已。我覺得我們生活在一個由「傷心人」組成的社會中。關係讓那麼多的人心動、心痛，又傷透了心。我認爲，毫無疑問，情感諮詢會成爲社會必不可少的組成部分，讓我們得以在一個不斷前進的時代中存活下去。孤獨到處蔓延，越來越多的人尋找自癒的方法，增強自我覺知，找到平衡。

在我成長的年代，我從成年人的能量光環中經常看到內心的擾亂紛爭，這並不稀奇，因爲成年人必須在生活的羅網中苦苦掙扎，煩惱不已。可是現在，從小嬰兒到青少年，越來越多的的孩子顯現出失落和分離感，這從他們的能量光環可以一眼看出，對此我心痛不已。沮喪、困惑中產生大量的憤怒，妨礙了他們的創造力和生產力，讓他們無法眞實地自我表達。有些孩子表面上看來害羞、退縮、緊張，有的則表現出攻擊性、彆扭、不肯合作。不管是哪種情況，悲哀都充斥著整個能量光環。

無論我走在繁華城市的街頭，還是來到大型集會現場，我都能看到社會在自我開戰。我已經不再奇怪爲什麼世界不能和平。要想世界和平，我們首先得自我和平。

一次某家重要雜誌採訪我，在訪談結束後，記者向我追問：「您能看出我會有穩定關係嗎？」我憐憫地看著她的眼睛，說：「永恆的愛總是會自動來找你的，只要你能夠做好準備，認出它，滋養它。」可惜的是，她的能量光環是那麼敏感脆弱，我只能看到等在她前面的是漫長的情感磨難。我的心在爲她哭泣，也爲許許多多有著像她一樣能量光環的人哭泣。我們對人際關係這一概念本身進行了分析和雕琢，使其成爲一個多功能的模子，以適應任何時候的任何情況，任何人都可以對其做出任何解釋。因此，越來越多的人開始尋求心靈的平靜，這難道不奇怪嗎？

關係就像你在一生中形成的行為模式一般，通過觀察你的能量光環可以看得一清二楚。一段經得起時間考驗的關係，需要雙方的能量光環相匹配。你的潛意識會讀取對方能量光環的訊息，激發你的直覺。下面我列舉幾個關係的類別，看看其中能量光環的情形。

我們之前認識嗎？

你頭一次遇見某人，但你的直覺卻是你們之前見過。你的潛意識進入了對方的能量光環場域，認出了其中相似的地方，與你有同感的地方。你們初識的時候也許已經是成年，但很奇怪彼此怎麼會一下子就熟悉起來，實際上你們的潛意識已經知道以前你們還在讀書的時候，曾偶爾站在同一個月台等火車。於是，在交談中你們發現原來你們在同一個鎮上長大，雖然上不同的學校，卻走同樣的路線。

我覺得我已經認識了你一輩子

若你的潛意識與對方能量光環中的活力層和星體層迅速連結，你的感官會變得敏銳，產生強烈的已經認識對方一輩子的感覺。這種情形中，心靈相似度是關鍵因素。你們的能量光環顯示出彼此有共同的學識和興趣，是同伴。隨著關係的發展，你們之間會有大量的共同點。

一見鍾情

潛意識有「心知肚明」的力量，它撥動著你的心弦，指引你塑造一段關係。感官強化了，又被激情征服。時間靜止，卻如同白駒過隙。生命中的其他東西變得無足輕重，唯有這濃烈、不竭的渴望存在著，渴望與某個人合二爲一。當你們的活力層與星體層融合時，心陷入沉迷與占有中。

雙方的能量光環中形成如繩索般一縷縷的能量流，將情侶纏繞在一起相親相愛。隨著時間的流逝，激情不再，蛻變爲一種醇厚、愜意的連結，讓雙方忠於彼此。經過生活的考驗和磨練，彼此的連結愈發緊密。光環體能量連結的力量巨大，以至於有的伴侶會在一方離世後不久，另一方便因患病甚至自殺而相繼死去。因爲當能量連結消失後，未亡人的活力光環層萎縮，產生生命已經完結的感覺，來悼念逝去的伴侶。

同卵雙胞胎

在同卵雙胞胎的情況中，可以看出每個人的能量光環都是獨特的。下圖展示了一對同卵雙胞胎的能量光環，從中可以看出他們的人生態度和經歷。雖然雙胞胎有本能的連結，使他們有可能彼此心靈感應，但他們的能量光環則只有在家族聯繫上是相同的。他們的思維方式和情感模式則差別很大。

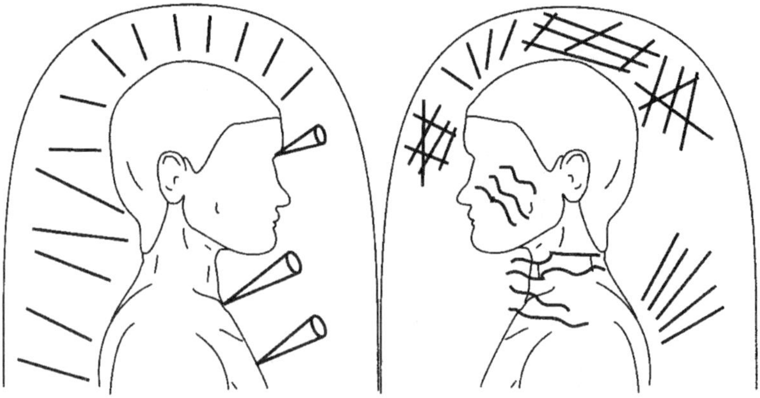

- 思維清晰
- 有本能的連結感
- 善良，寬容，仁慈

- 消沉，低自尊
- 鼻喉部位阻塞
- 缺乏方向感

同卵雙胞胎看上去很像，但他們的個體性從彼此的能量光環上明確表現出來。

圖 7

性愛

當身體纏綿相愛，能量光環也融合爲一個。性愛催動身體的感受，進而激發能量光環的生理層、以太層、活力層和星體層都活躍起來，將精神帶至極樂狀態，更進一步加強了身體的感覺。當愛意充滿時，情感得到昇華。當愛意缺乏時，情感會變得過分挑剔做作，讓一方或雙方都感到欲望未被滿足。這種情形下，因爲兩個星體光環層並未合一，性愛僅僅成了追求肉欲的滿足。

如果一個人不喜歡被撫摸，不享受性愛，這是因爲星體光環層失去了平衡。

生育

當懷孕時，母親的能量光環與未出生的胎兒的能量光環合一。隨著胎兒的成長，雖然光環仍與母親緊密相連，但也發展出自己的光環色彩，決定其性格和健康狀況。發育中的胎兒會根據母親的情緒來調整自己的本能，以備未來與出生後的世界交流。

出生時，母親和孩子被迫切斷身體上的聯繫，彼此必須經歷在乙太層認出和刺激新（複製）臍帶的過程。當這一過程完成後，母子雙方都更能感應到彼此的需求。清晨，母親會在嬰兒需要餵食的幾分鐘前醒來。如果母親遭遇到來自情感或經濟上的壓力，這種感應力會削減。因此這最初幾週內的母子交流非常重要，會決定他們未來的關係。

父親若是在母親懷孕期間就對子宮內的胎兒親切說話、撫摸，將會很容易連結上以太層的臍帶，建立終生的牽掛。正是這以太層的連結將家庭成員團結在一起。如果父親不接受孩子或是母親，連結斷裂，會造成無法彌補的傷害。

若孩子被領養，或長期由他人照顧，孩子就必須重建能量光環的連結。不過，每一次孩子易手他人，星體層的本能連結力量就會被消耗，妨礙孩子將來在青春期和青年期發展出建立穩定情感承諾的能力。

分居及離婚

當關係破裂，能量光環的連結需解開時，因關係雙方的活力層與星體層已經緊密相連，關係的終結會造成很大的痛苦。你的心智也許還能理智地考慮分手的好處與壞處，你的心卻已經疲憊不堪，只想結束這段關係。但無論如何，能量光環處理事件的速度要慢得多，會執拗地保持固有連結。關係雙方都心痛欲碎，感覺無法脫身，儘管表現的方式各不相同。星體層已經習慣了將兩個個體連結在一起，無論他們相距多遙遠。一對夫妻分居或離婚已有一些時日了，但他們的星體層仍竭力想在靠近家的地方發展和建立關係。

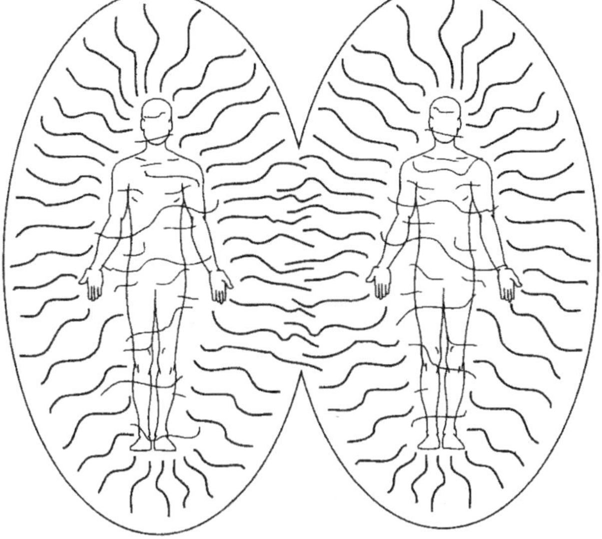

兩個情緒不安的能量光環擁有相似的模式，
激發熟悉感，因而互相吸引。

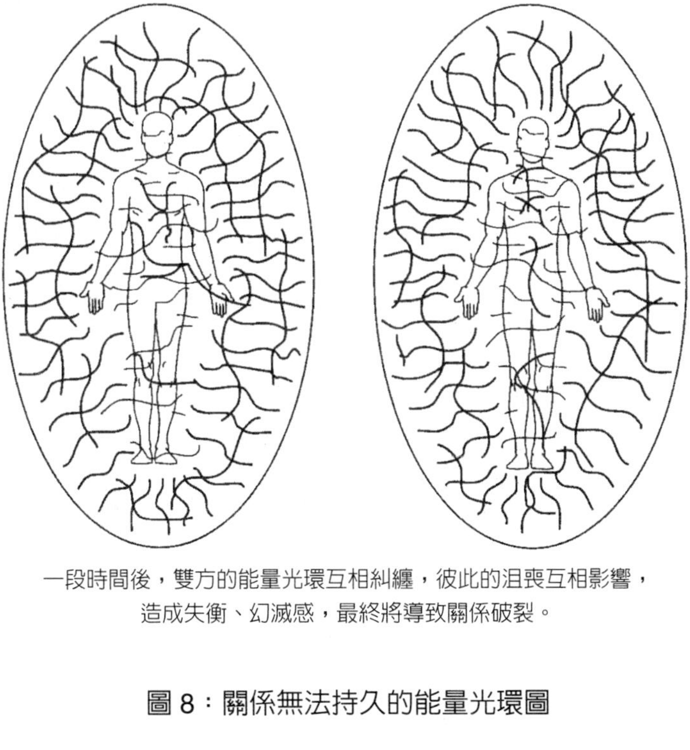

一段時間後，雙方的能量光環互相糾纏，彼此的沮喪互相影響，
造成失衡、幻滅感，最終將導致關係破裂。

圖 8：關係無法持久的能量光環圖

有一個例子最能夠說明什麼叫做「在能量光環上放手」，那就是一位盡心盡責的母親不得不面對孩子已經長大，必須讓他們自由，在世界上創造他們的獨立人生。老話說「剪斷臍帶」（untie the apron strings）。母親的愛一點沒有削減，只是改變了形式，母親的角色發生了變化，母愛也將重新定義。

還有其他一些俗語，「不相見，倍思念」（absence makes the heart grow fonder）、「時間能療癒一切」，都說明了星體層的能量屬性及其和關係之間的互動影響。

朋友與敵人

你在世界各地旅行，友情都會不期而至。這就是能量光環的美好力量。以太層無所不知，總是會引導你發現心靈相通的朋友，尤其是在你需要幫助和指引的時候。我聽到過太多人說他們參加假日旅行團在異國旅遊時，幾週的相處時間使他們結下了深厚的友情，甚至可能延續終身，一直書信往來，互相訪問。

與此相反的例子是，有時候人們的關係始於友情，卻演變成了痛苦的經歷。請回想一下童年吧，有多少同伴後來變成了嚼舌根、互相嫉妒、背後使壞算計的敵人。

在關係開始的時候，光環能量爆棚，活力層煥發出無限的個人魅力，雙方就像蜜罐吸引蜜蜂一樣彼此吸引。然後，隨著星體層的交融，雙方的優缺點都顯露出來。然而，情感沖昏了我們，潛意識本能的清醒覺知讓位給迷亂的心情，人盲目地陷入必會帶來痛苦的關係中。人的一生中，最無力抗拒這種情感衝動的階段就是童年和青春期。等到一個人發展出成熟的能量光環後，潛意識明察秋毫，不會再墜入痛苦的陷阱。

為什麼我總是會吸引傷害我的人？

如果你發現你總是受人欺負，這表明你的能量光環發出了錯誤的訊息。有些人的能量光環呈現出許多淡粉色，這意味著他們的光環很虛弱，使得他們就像是門墊一樣，誰都想踩上幾腳。這些人一再受到挑釁，被傷害，他們的星體層過於敏感，使得情感自我壓抑了理性自我。尋求諮詢、參加自助課程可以立刻見到成效。

我曾經畫過一位電視名人的能量光環，當時她問我爲什麼她的「眞命天子」總是不出現。察看了她的能量光環後，我向她描述了她朋友和家人眼中的她，接著又描述了我所看到的在這假象之下眞實的她。聽著聽著，她強笑著，眼中淚光閃現。我知道我說對了。她總是害怕失敗，害怕會受傷，這樣的能量絕對不會散發出能吸引到「眞命天子」的訊息。我建議她再面對大眾時，要在光環能量的層面改變訊息。首先要在腦海中描繪自己正面對一位全面欣賞她、無條件愛她的男士；其次要爲自己感到開心，爲自己的美麗、才華和創造力感到喜悅。

人體能量光環浸淫在由我們自身的複雜屬性所構建的情感羅網中，因此關係成了我們生活不可分的組成部分。無論是作爲個體還是族群，如果我們想要找到眞正的和平圓滿，選擇合適的關係，能夠促進我們思考、滋養情感、鼓勵人格發展，增進靈性覺悟，這非常重要。只有能量光環平衡和諧，我們才能感到滿足。

3

看見並感受人體能量光環

若愚人能堅持愚蠢，他將變得睿智。

威廉．布萊克

在我看到能量光環的早年歲月裡，我堅信每一個人都在上帝的護蔭下。學校的走廊和教堂裡都掛著耶穌基督和聖母馬利亞的畫像，畫面散發著慈愛的光芒，我在每一個人、每一隻動物和每一棵樹的周圍都能看到同樣的光芒。當然，畫像中基督和聖母頭上的聖光更為明亮。我得出結論，上帝真的是按照他的形象創造了人類，上帝祝福了我們所安身的世界。回顧這段歲月，這樣的信念給了我多大的慰藉啊，尤其當同儕壓力過大，讓我產生自我懷疑，不知道上帝賜予我的天賦究竟是好是壞的時候。

每一個人都有能力可以看到並理解能量光環，這一能力從童年就有了。在出生後四週內，嬰兒的眼睛只能夠聚焦距離自身二十五公分範圍內的事物，之外的物體則只有憑藉本能追隨能量場的輪廓來感知並理解。在最初的四週內，嬰兒的眼睛一會兒聚焦一會兒失焦，聚焦能力在發展中。小嬰兒並不直視你的面孔。看著一個小嬰兒歪著小腦袋斜著眼睛看人，眞是有趣極了。

以下是一位二十多歲的母親與我們分享她的孕期經歷。這位母親的名字叫凱特，她即將初爲人母，和許多其他同樣來我這裡參加課程的孕婦一樣，通過學習了解人體能量光環，她們對尚在腹中的孩子的感知日益清晰起來。

我在懷孕初期參加了裘蒂絲舉辦的爲期三天的課程「活出你的靈魂」。當時，我對自己即將成爲母親還感覺很新鮮，既欣喜若狂，又戰戰兢兢，無法想象我們將爲人父母了。不過，對於身體裡眞的有個人在成長這個事情卻還沒有眞正的感知。我的關注中心還是在自身體型的變化上，除了這一肉眼可見的變化，孩子仍然只是個模糊概念。

課程包括一個爲時頗長的工作坊，期間大家詳細學習了能量光環。裘蒂絲了解我們尚未出生的寶寶，可能是因爲這個原因，我們有關能量光環的討論有一部分是關於未出生的孩子與孕母的。裘蒂絲向我們解說稚嫩的新生命如何在母親的能量光環中出現第一線微弱的光芒，我聽得目瞪口呆。隨著孩子在母親的子宮中成長，這光芒慢慢明亮起來，變得越來越清晰。

於是，我能夠看到我的小女兒，感受到她的存在，她不再只是一團小小的細胞組織，而是純淨美麗的光，獨一無二，獨立存在，卻又以特別的方式與我相連。我的肚子越來越大，我想像我女兒的能量之光也越來越明亮。胎兒不斷成長發育，各個時期的影像讓我感覺到她的能量光環的色彩日漸鮮明，就像是一片尤加利樹的新葉，從淡粉色變成深紅色，再變成綠色。

我知道她也在認識自己周圍的能量光環，把各個能量光環和不同的聲音聯繫起來。當我的親朋好友摸我的肚子時，他們覺得是他們在摸寶寶，但我知道實際上是我的寶寶在感覺他們！當他們把手掌放上來，胎兒通過手掌所散發的能量來感覺每個人的能量光環，認識他們。同時，我從親朋好友驚喜的目光和燦爛的笑容中看到小寶寶也將自己清澈的能量傳遞給了他們。

在我懷孕七個月時，我們去拜訪裘蒂絲，那次拜訪讓我們深切體會到胎兒有著驚人的能力，可以感知並認出周圍人的能量光環。當時裘蒂絲從我身邊飛快走過，要去見一位病人，她輕輕地碰了碰我的肚子，對寶寶說：「你好啊，瑪蒂嘉。」寶寶的反應太神奇了：她像充了電一樣在肚子裡又跳又扭，不停地踢著小腳丫。我能感覺到她知道裘蒂絲在旁邊而激動歡樂，她迫不及待地想要出來和我們在一起。

我女兒出生後，我和我先生發現她總是會注意到人們的能量光環，這讓我們很開心。我們看到她會追著人體的輪廓看，尤其會在頭部停留，這讓她高興。她眞的不需要看著人臉，只要感受到人們的能量場就能認出他們，因爲在她出生前就已經熟悉了他們各自的光環色彩。從她一降生，這一點就表現出來了。裘蒂絲在她出生後幾小時就過來看她，這時她眞的張開雙眼，把頭轉向裘蒂絲，有幾分鐘的時間將目光停留在裘蒂絲的能量光環處。很明顯她認出了裘蒂絲。

瑪蒂嘉現在已經一週歲了，她是我們生命中美麗的禮物。我不知道她是不是眞的看到了她周圍能量光環的色彩，不過我知道的是她的確能感受到。她對人有準確的判斷力，知道什麼時候人們需要幫助，於是一個小嬰兒所能提供的逗樂開心就上演了。她的祖母常說：「她對人眞好。」我想，這是因爲懂得，所以慈悲吧。

與動作協調能力相比較，嬰幼兒的視覺能力發育得很快。「躲貓貓」這樣簡單的遊戲就能刺激孩子眼睛聚焦的能力。到了九個月大，孩子的視力就和成年人一樣了，不過他們還需要學習如何理解所看到的事物。要到大約一至二歲的時候，他們才能獨立認出鏡子中的影子是自己，這是習得性認知能力的啓蒙。據估計，學齡前兒童百分之八十的學習是通過視覺來完成的。

兒童階段，人處於成長發育中，兒童的所見是物理視覺和直覺視覺的結合，到了成年階段，後者就被遺忘了。這是因爲色彩視覺通常不被鼓勵，成年人會認爲那是「幼稚」行爲，應該糾正。更糟糕的是，因爲遭受到情感虐待、分離和失去關懷，兒童會封閉部分視覺和直覺。

雖說嬰兒時期幾乎人人都能看到能量光環，但我們基本上不會鼓勵孩子去發展這方面的能力，弄明白自己所見的到底是什麼。因此就像我們眼睛每天所掃過的許多一瞬即逝的景物一樣，能量光環的感受也被認爲是無關緊要的，被棄置在潛意識的庫房內，這是多麼不幸啊。大多數成年人都只得從頭開始，重新學習如何看到能量光環。

有的孩子或多或少地得到鼓勵，他們的能量光環視覺會發展成熟。有些所謂「新時代」父母不斷逼著自己的孩子去看見能量光環，不經意間將孩子逼迫到自欺欺人的境地。想要保持孩子的光環視覺，父母應該聆聽孩子，給他們支持，但不能以任何方式誘導孩子。

莎朗是一個十二歲的女孩，她母親帶她來我這裡。她母親對我說，每次有親朋好友來訪，在他們離開後的二十分鐘內，莎朗就會將訪客的私密訊息一一道來。客人到訪時母親一直在，女兒並沒有單獨做什麼，她不知道女兒是怎麼回事。莎朗是在旁刺探出的訊息？她是怎麼知道這些事情的？可憐的母親又困惑又擔心。莎朗坐在我對面，我彷彿看到了十二歲時的自己。這是個誠實的孩子，直言不諱，不爲嚼舌根，而是把自己看到的一切告訴母親，是覺得母親了解後會知道怎樣去幫助這些親朋好友。

我讓莎朗閉上眼睛，說說看她從我身上感覺到什麼。這個純潔無邪的孩子聽話地照做了，幾秒鐘之內她就說了我在她這個年紀經歷到的創傷。這太厲害了。我又叫她睜開眼睛，直接看著我，看有什麼要補充的情況。她看了看我的腦後和右側，說：「你的奶奶瑪格麗特在看著你。」聽了這話，我傾身向前握住她的手。我們的能量光環相交，彷彿電壓過載，電花讓指尖刺痛，她一下子將手抽回。

我心中毫無疑問，莎朗就是那種從未失去與生命本能連結的孩子。我將她安排去一位我最親密的靈性朋友那裡接受指導，在那裡她會得到幫助，加深自己的領悟。我相信她會和我一樣，了解自己的感受將帶來多麼豐富的訊息。值得讚揚的是，莎朗的父母盡全力去理解女兒的所見所聞，不讓自己的女兒被人認爲是怪物、撒謊精、腦子有病。

孩子應該得到支持，這非常重要，但是他們絕不應該被誘導。隨著我們的學習，直覺能力會如期而至，它的發展速度適合個人，而不是大眾需求。

一九九二年，在雪梨舉行的「身心靈大會」上，我正在描繪能量光環，一個五歲的男孩跑到我面前說：「我都能看到。」我坐直身體看了他有一分鐘的時間，他母親一邊從聚在我周圍的人群中擠過來，一邊嚷道：「哦，他一直能看到能量光環。告訴裘蒂絲你看到她的能量光環是什麼樣的。」孩子在母親的命令下表演起來。他的描述完全是胡扯，但我只是笑笑，向他擺擺手，讓他離開了。看著他父母帶著他走遠，我的心沉甸甸的，我能看出這孩子犧牲了直覺，像馬戲團的猴子一樣，被人喝令著表演。

感覺能量光環

每一天，我們都有無數的方式來接觸和感覺到能量光環，比如說握手、擁抱、接吻、撫摸、做愛，或哪怕是簡單地小跑著去追靠站的火車和公車。甚至在超市排隊隊伍中，也充滿了站在彼此能量光環中的人。所以簡而言之，這不是件多了不得的事情。話雖如此，這取決於你是否懂得你的感覺。

一對情侶剛剛墜入愛河，他們的星體層彼此交融，感知得到加強，對觸覺的體驗會發生變化。他們手牽著手，看上去和小孩子牽著媽媽的手沒什麼區別，但不同之處在於他們的情感改變了他們的覺受。

當你放鬆的時候，意識狀態會發生變化，會進入超級敏感的狀態，覺知擴展，周圍的聲音變得更響，味道變得更濃，光線和色彩變得更鮮明，感覺也更敏銳。這是因爲放鬆會加強你的感知力，擴展你的覺知。

想要感覺你自己的能量光環，可以摩擦雙掌，讓脈輪活躍起來。等有麻麻的感覺時，將一隻手放到手肘窩之上約兩公分處，閉上眼睛，仔細感受。手掌輪會刺激位於手肘部位的次要脈輪，發出溫暖、有磁力的感覺。

另一種感覺自己能量光環的方法同樣是搓手掌，然後將一隻手放在距頭頂約三公分的上方，再次閉上眼睛，仔細感受。頂輪會將頭部的能量脈動散發出來，感覺像是一個柔軟的球在上下跳動。

能量光環之舞

這項練習可以幫助你感知能量光環的強度和震動。你需要一位願意合作的同伴，還要有合適的音樂，讓你的能量光環得到鼓勵，跳起它的小步舞。

1. 與同伴面對面地站好，腳尖對腳尖，然後以正常步幅各自向後退三步。
2. 雙腳自然分開站立，閉上眼睛。輕柔地深呼吸十次，放鬆全身任何一處緊張的肌肉。將注意力集中在你的雙掌和面部皮膚上，因為這些地方最先感受到來自於同伴能量光環的電磁射線。
3. 向前邁一步，再次仔細感受。讓心去感受手掌和臉部周圍的感覺變化。
4. 再向前邁一步。你和同伴的能量光環前後蕩漾，這時你臉部的皮膚會有麻酥酥的感覺，像針刺一樣。讓你的身體自由搖動，不要害怕會失去平衡。

你感覺到的彷彿相吸相斥的磁力只是你的能量光環以正常的節律在活動。不過要記得設定時間，以免時間過長讓你頭暈。

完成練習後，請公開地討論彼此的感覺。如果你和同伴的能量光環相合，它們會互相吸引，甚至讓你們二人感覺要倒在一起。如果不合，你們其中一方或雙方的能量光環會感覺不適，想要遠離對方。通常能量光環不合是因爲你們中的一方（或雙方）具有主導型人格。

浪漫的能量光環

這項練習讓你和同伴進入彼此的能量光環，激發浪漫的感覺。當電磁粒子催動了感受，因能量結合帶來親密、不可分的感覺，擁抱著至純的愛意。

1. 演奏溫柔動聽的背景音樂。

2. 和你的愛人腳對腳地躺在地上，光著腳掌，彼此腳掌之間準確隔開四公分距離。雙臂舒適地擺在身體兩邊，手掌向上。在膝下和腦後放置墊子，讓身體舒適。

3. 將注意力集中在腳部。感覺雙腳的溫度。感覺你和伴侶腳掌間的能量。

4. 深深地吸一口氣，讓空氣充滿肺部，持氣慢慢數到三，然後輕柔緩和地呼氣。讓呼吸恢復正常。

5. 將步驟4重複五次。放鬆，感覺平靜，統合。

三到五分鐘後，你會感覺到你們之間彷彿磁力相吸，彼此的能量光環在互相靠近。然後你會有一種搖擺蕩漾的感覺。享受這一感覺，這是你與愛人最密切的接觸。

測試你的光環視覺

想要學習如何重拾光環視覺，你需要在身體和精神上都持之以恆地練習。這些年來我教過許多學生，他們中的很多人都如其所願地看到並讀懂了能量光環，速度之快讓他們驚訝不已。我認爲，當你看見光環色彩，理解了它的含義，你的視覺就得到了充分的發展。

在你開始實踐本書所列舉的各項練習前，你需要銘記的是你使用的語言可以打開或關閉光環視覺。你的感覺和所思所想，以及你說的話，在你的日常生活中起到了決定性的重要作用。「正向思維」這一理念已經被倡導了好多年。卓越不凡之人必須奉此爲金科玉律，一則激勵自己克服自身的障礙，更是因爲視野狹隘的人總是會譏諷他們的夢想和才能。正向思維鼓勵我們的心堅信目標已經實現。「我可以看見能量光環」，還有「我知道我每天都看見並感受到能量光環」，這兩句話肯定的是你天生的能力。不要說這樣的話：「我努力了，但我就是看不到啊」「我直覺不行，看不到能量光環」，這樣說會故步自封在自我懷疑之中，讓你無法前進。堅定的意志是最關鍵的。

完成下列測試，你可以確定一直以來自己感知他人能量場的程度如何。你會了解你的直覺力水平。下列問題中若你的回答是肯定的，請在括號內加上1分，完成後將所有得分相加。

（　）你是否有過初次見到某人立刻就非常不喜歡對方的經歷？

（　）你是否曾遇到一個人，感覺像是已經認識了對方一輩子？

（　）你是否有過走進一間空房間，立刻感覺很不舒服的經歷？

（　）你是否曾感覺你的朋友或家人需要你，然後給他們打電話，結果發現情況正是這樣？

（　）你有沒有在親眼見到某人數分鐘或數小時前就感覺到他的氣息？

（　）你是否曾在電話響起前預感到會有來電？

（　）有沒有哪種顏色或顏色組合會讓你興奮或低落？

（　）有沒有過你對某人的第一印象後來被證實是準確的？

（　）你是否有過這樣的經歷：有人在你面前掩飾自己的情緒，但你還是知道他的感覺？

（　）你是否曾感覺有人完全看穿了你？

（　）你是否遇到過讓你留下長久印象的人？

（　）你是否曾在某人開口前就知道他在想什麼？

（　）你有經歷過一見鍾情嗎？

（　）動物是否喜歡接近你？

（　）你的直覺是否經常是準確的？

你的得分：

（1—5）探索自身的創造力可以幫助你打開感覺，去感知周圍的世界。你的確是個新手，但不要灰心。只要有決心，堅持練習，就能重啓你的光環視覺。

（6—9）持續練習，本書中列舉的方法可以加強你的直覺力，打開你的光環視覺。

（10—15）你已經準備好提升你的光環視覺了。練習本書中的訓練方式，你將看到你的成績斐然。

想要準確地解讀能量光環，你必須充分發展你的感知力。心靈感應是感知力和直覺力的一個方面。從對上述問題的回答中你已經了解了迄今爲止你的感知力水平。無論你見到誰，去到哪裡，你的潛意識都會將所有資訊存入能量光環。初見某個人立刻就不喜歡，這是警告你可能會被此人傷害。走進一間空房子，感到不舒服，表明之前在此居住的人留下了令你不安的影響。看到某些顏色產生厭惡或歡喜的感覺，表明曾經有過與這種顏色相關的情感記憶，所以每次看到這顏色你就會產生生理和／或心理上的反應。

根據各人不同的人格類型，我們的本能心理感應能力有可能在各種情形下被觸發，比如脆弱、激動，或內心寧靜的時候。舉例而言，眼通力現象可以在一個人冥想的時候發生，在另一個人身上則有可能在做白日夢的時候發生，再一個人則可能是在全情投入地舞蹈或忘我地唱誦時發生。大多數人都認爲心靈感應是特異功能，但實際上它是人類交流的核心本質。每個人的生活中都充滿了心靈感應，只是通常都被誤認爲巧合。

年輕的母親可能會在凌晨時分驚醒，以爲聽到了小寶寶的哭聲，卻發現孩子睡得好好的。等到她又要朦朧睡去時，孩子醒了，哭喊著尋求母親的關懷。此處母親與孩子的連結就是直覺交流。

一名男子在上班路上車子拋錨了。他的兒子本來一直都搭乘火車上班，這天卻破天荒地開車上班。不知道爲什麼他還走了另一條路線，結果正遇上自己的父親。於是他幫忙將拋錨的車子拖到了最近的修車行。（另參見頁144－148有關心靈感應的內容）

你的感知力水平取決於一種內在的力量，這種力量完全來自於自我接納。

光環視覺的語言和感情

情感上的混亂會阻礙學習，過於沉重的工作會讓內心的創造之泉枯竭。要確保清晰的能量視覺，你必須有充沛的生命活力。請從下一頁上方欄中查找描述你目前生命狀態的詞彙，再從下方欄查看相應的詞彙，看看你應該做什麼來調整不平衡狀態，或繼續保持平衡，讓光環視覺和感受力覺醒。

障礙視覺	覺醒視覺
• 緊張	• 興致勃勃
• 恐懼	• 感到安全
• 散亂	• 專注
• 消沉	• 心胸寬廣
• 固步自封	• 充滿活力
• 破碎	• 有連結感
• 不快樂	• 喜悦
• 空虛	• 充實
• 絶望	• 有信仰
• 僵硬	• 感受力強
• 希求	• 内明

看見能量光環

曾經的想像，如今的現實。

威廉・布萊克

要看到能量光環，不需要你有勇氣，也不需要什麼心靈的力量。只需要你放鬆，用直覺去專注，並且牢記你只不過是在重新喚起一個沉睡很久的本能而已。做好準備，要一次又一次地嘗試，要不斷嘗試，不要輕易就打退堂鼓。

這裡的每一項練習都會帶領你前進一步，朝向一個新的生命維度。我自己直至今日也還每天都發現從未見過的新景象。請想一想能看見並讀懂能量光環能爲你帶來多大的益處啊，如果你的心智和直覺能夠成爲一體，發揮作用，你的生命將會多麼豐富多彩。那眞的是很有趣的。

有一天晚上，我剛結束一趟西澳的講學之旅，疲憊不堪地回到家裡，「噗通」一聲坐在電視機前，只想看電視消遣消遣。電視果然不負期望，一部好看的電影剛剛開播，裡面既有糾纏不清的愛情，又有撲朔迷離的情節。我先生窩在我身邊，我們倆一起舒舒服服地看電影。一個小時後，我已經睏得連眼睛都睜不開了，看來電視還眞是起到了讓我放鬆緊張頭腦的作用。我開始看主角們的能量光環，因爲這些演員都是知道劇本的，所以我就能讀出情節發展的結局。我向我先生劇透，他不信，倔強地坐在電視機前堅持看完整部電影，直看到晨曦初現，困倦不堪，結果還是驗證了我說的全部正確。

要看到能量光環，並不一定需要和某人面對面。當你掌握了光環視覺，你可以從彩色照片、電視、電影裡看到光環色彩，這些媒介都記錄下了光環能量振動所發出的色彩頻率。

起初你可能只能看到生理層和以太層，看到在頭頂、肩膀、腳部和手掌處圍繞著模糊的奶白色或藍色霧氣。經過一段時間後，你的心接受了自己所看到的是現實，於是活力層與星體層那美麗透明的色彩就會向你展現了。光環視覺的發展階段沒有固定的時間期限。有的人可能比其他人更快地產生反應。

永遠記得每個人都是獨一無二的，不要將自己與他人做比較。

眼睛

眼球後部覆蓋的一層是視網膜，由視錐細胞與視杆細胞組成，可以感知光線和色彩的資訊，將它們轉化爲生物電訊號，通過視神經傳遞到其他神經通道。基本上特定波長的光線（即色彩）是由視錐細胞解析的。視錐細胞分爲三類，每一類都對三原色（紅、黃、藍）中的一種具有特別敏感度。每一類視錐細胞並非對相對應的顏色有單一的敏感度，對綠色敏感的視錐細胞可以看出藍色。這會讓觀察者陷入困惑（參見頁124有關色盲的介紹）。所有其他色彩都是由三原色組合而成。

眼球將進入的外部光線轉化爲電訊號，由腦部處理爲視覺。虹膜是眼球的一塊肌肉，可以通過開合來控制進入眼球的光線數量。晶狀體隨之調整形狀使視覺聚焦在我們所看的物體上。

眼睛如何看到能量光環

當視錐細胞和視杆細胞充分感知色彩時，就能夠僅憑正常視覺清晰地捕捉到光環能量振動所發出的搖曳光線（見135頁有關色彩刺激的

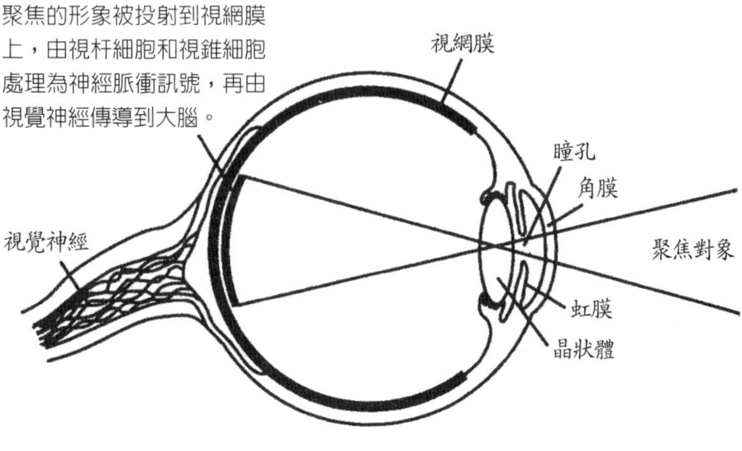
聚焦的形象被投射到視網膜上，由視杆細胞和視錐細胞處理為神經脈衝訊號，再由視覺神經傳導到大腦。
視網膜
瞳孔
角膜
視覺神經
聚焦對象
虹膜
晶狀體

圖 9：眼球橫剖面

練習）。然而，所見到的色彩並不是通過邏輯思維來解讀的，而是直接由你的直覺第六感感知。你立刻就清楚你所看到的色彩不同於自然光的振動。這就是爲什麼你不僅要有好的視力，也要發展你的感知力，這是至關重要的。

在我的能量光環課程中，我發現大多數戴眼鏡的人在脫掉眼鏡後能更好地看到能量光環。我認爲這是因爲眼鏡是專門用來矯正聚焦的，而光環能量的散發卻稍微偏離焦點。總之，請努力嘗試，你很可能會大吃一驚呢。

色盲

據估計，每二百名婦女中有一人色盲，而這一比例在男性中則是二十五比一。色盲通常被認爲是遺傳因素，由母親傳給兒子。色盲的原因可能是缺乏與特定的一個或多個三原色相關的視錐細胞，使得患者無法準確識別各種色彩。最常見的色盲就是紅綠色盲。

不過我們需要注意，色盲並不只是由遺傳因素導致。一個人一生中任何時候都有可能罹患色盲，可能是因爲缺乏維他命、疾病或暴露在有毒物質中等等。然而，色盲不應該成爲阻止我們發展看懂能量光環能力的障礙。人本身就具有準確解讀能量光環的直覺感知力，這已經足夠了。天生目盲的人必須依賴直覺感知力和本能來應付生活中的挑戰。實際上，一個潛能充分發展的盲人可以準確感知色彩的頻率，從而認出顏色。

視覺幻象

在我們學習看到能量光環的過程中，眼睛既是寶貴的財富又是堅實的障礙，因爲事實並非一定如眼睛所見。我們了解了人類是如何感知色彩的，就能明白對於能量光環的新手觀察者而言，他們很容易被幻象所欺騙。全世界的人都知道如何有效利用視覺幻象，比如深色和豎條紋衣服會讓人顯瘦，白色建築看起來比深色的面積更大。這些都是完美例證，表明眼睛和頭腦多麼容易被騙。

風景也不是眼見如實。比如說，當你在鄉間路上駕車，從後視鏡看去，眼睛告訴你距離駛過的地方越遠，道路顯得越窄，兩旁的樹木也越矮小。眼睛的晶狀體改變了眼球的聚焦，眼睛將縮小了的景物傳遞給大腦。是我們習得的感知力讓我們感覺自己沒有生活在小人國或巨人國。所以，我們學習發展眼睛的能力，以求看到能量光環，在此過程中，感知力決定了我們所看到的是否是幻象。

看到能量光環的光線條件

人類肉眼若想看到能量光環，需要一定的光線（在夜間，可以是月光）。日光直射或是螢光燈光線會妨礙能量光環視覺，因爲能量光環放射的光雖然鮮明，但卻非常微妙，過強的光線會遮蔽光環色彩。對新手來說，最好是在柔和的檯燈或燭光下，更容易察覺到光環。月光則是完美的觀察光環的光線條件。下文我將向讀者分享一些個人經歷，在月夜的幫助下，我有過怎樣的光環視覺。

我住在偏僻樹林中一棟小小的房子裡，周圍沒有路燈。所以每當我們晚上外出歸家時，月光是我們唯一的自然照明。滿月的日子裡，我們輕輕鬆鬆就能走到家門前，但在其他日子裡，月光太暗，頭上又樹蔭遮天，眼睛在黑暗中什麼都看不清。幸運的是，我家的一隻貓總會跑出來迎接我們。只要我們一下車，貓咪就會從露臺上跑過來，我只要跟著它的能量光環走就行啦。大多數時候它都會帶領我們直接到達房子的大門前，不過偶爾也會將我們帶進花圃。

大約十五年前，有一幫青少年在我們家附近的街上鬧事，向好幾家房屋丟石頭。幾個警察想要抓住肇事者，忙了一個多鐘頭卻一無所獲。從鬧事起被折騰三個小時了，我先生筋疲力盡，就建議各家各戶把門前屋內的燈都關了，想讓四散躲藏的肇事者放鬆警惕，走出藏身之所。我們的房子臨街，各處動靜都能看得清清楚楚。當這些鬧事的少年躲躲藏藏地在灌木叢中竄來竄去時，我看到了他們的能量光環，結果警察在一個小時內就將他們悉數抓獲。

我在院子裡養了一隻寵物兔，她的籠子就在我臥室的凸窗下，每天都過著無比愜意的日子。有一天晚上，我們聽到她在籠子裡瘋狂地跑來跑去。我先生從被窩裡起身，悄悄察看發生了什麼事。正是黎明前最黑暗的時分，他什麼都看不見。我也掀開窗簾，找尋她的能量光環。這時我發現另有兩個其他動物的能量光環。那是狐狸媽媽帶著小狐狸，正在教牠捕獵技巧。我們家的兔子布西知道這兩個傢伙看得見卻吃不到她，正得意洋洋地在籠子裡跑來跑去，故意逗牠們呢。

在溫暖、寧靜、漆黑的夏夜，我在房子周圍散步，看到靜靜吃草的牛、馬、羊身上散發出微妙的能量之光，勾勒出一個個剪影，點綴在周圍樹木所發出的光環中。這是一幅多麼神聖的圖畫啊。

集中感知力與視覺

下面這個簡單快速的技巧可以做爲先行練習，將直覺感知與視覺統合起來，爲看懂能量光環做準備。

1. 閉上眼睛，安靜地坐著，身體完全靜止，保持片刻，讓能量光環適應安靜狀態。
2. 從鼻孔緩慢而深長地吸入一口氣。
3. 屏住呼吸，同時探查身心有無任何緊張處。
4. 用嘴巴迅速呼氣，同時將緊張一起呼出。
5. 重複三次。然後讓呼吸恢復正常。

這項練習會讓你感到放鬆，內心的壓力和身體的緊張都得到釋放。

讓眼睛聚焦於能量的活動上

這項練習可以幫助眼睛察覺能量場色彩的波動。

1. 在黑暗的屋子裡，於眼前點燃一支蠟燭。
2. 將注意力集中在火焰周圍能量的光環中，保持三到五分鐘。
3. 將眼睛閉上，休息幾秒鐘。

注意不要用力過度。如果你感覺眼睛後面或額頭有壓力，這是身體在告訴你應該放緩節奏，柔和下來。

強化及協調雙眼

眼睛是以螺旋狀來觀看近處及遠處的物體，這使得眼部肌肉調節晶狀體形狀來讓觀察對象聚焦在視網膜上。下面這項練習能幫助雙眼協調運作，加強視覺深度。

1. 聚焦在圖10螺旋形狀的中心，這會帶來望向洞穴深處的感覺。
2. 閉上雙眼，休息片刻。
3. 慢慢將焦點從中心移開，看向周圍線條，一次看一根線條。
4. 重複這個模式。
5. 每天練習三到五分鐘，你就可以將視覺深度推遠或拉近。

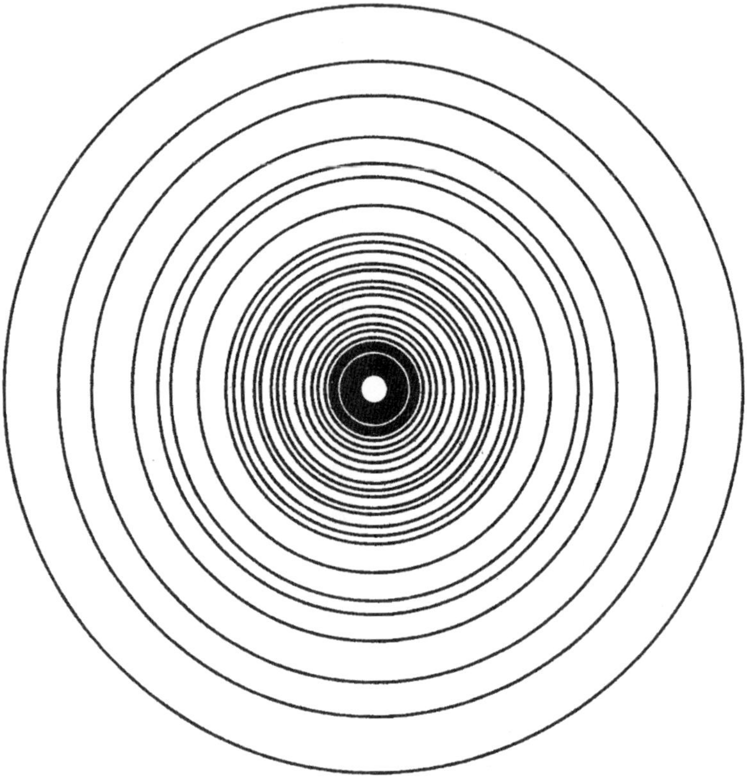

圖 10

看透層次

這項練習提升眼睛看透能量光環層次的能力，也能觀察出能量光環各層次交錯糾結的現象，判斷出相關的情感失衡和健康問題。

1. 將目光聚焦於圖11三角形中心，保持一分鐘。
2. 閉上眼睛休息一分鐘，放鬆眼部肌肉。
3. 重複練習十分鐘。

每次將焦點集中於三角形中心時，你將體會到不斷深入和穿透緊密排列的多重層次。

圖 11

眼睛靈活轉動

這項練習能刺激視網膜上的視杆細胞和視錐細胞。通過快速轉動眼睛，發展快速識別形狀、色調和亮度的能力。

1. 遮住一隻眼睛，將視線集中在圖12中八個圖形中的任何一個。
2. 將視線快速移動至對角圖形，再立刻回到最初的圖形。
3. 視線以繞圈、垂直、平行、對角等方向快速移動，依次看向各個圖形，做二十秒鐘。
4. 遮住另一隻眼睛，做相同的步驟，然後雙眼同時觀看，做相同練習。
5. 持續練習一到二分鐘。

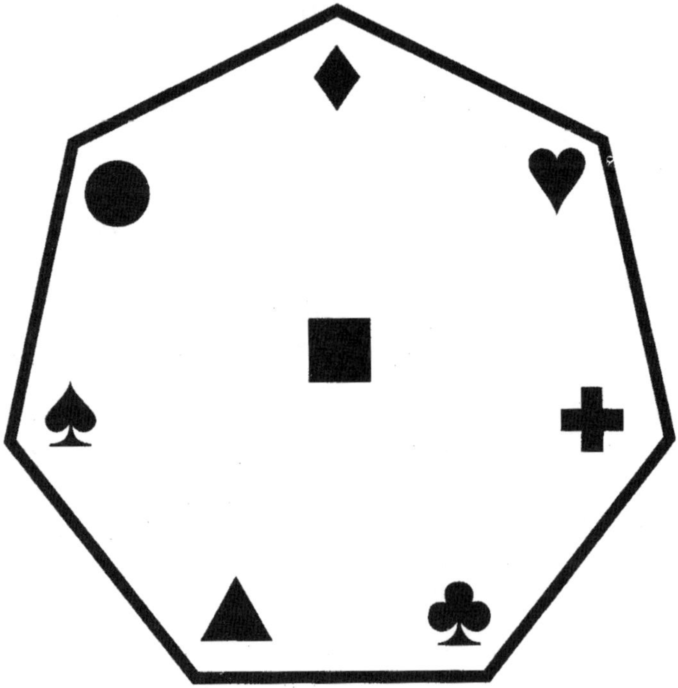

圖 12

練習過程中如果感覺眼睛痠脹，停止練習，閉上眼睛休息。如果你的眼部肌肉疲軟無力，你會感覺痠脹，要循序漸進地做這項練習。

看見你自身的能量光環

我記不清有多少次被問到我是否能看到自己的能量光環，是怎麼看到的。其實技巧相當簡單。大多數人的臥室都會漆成淡色，而且有大鏡子，非常適合觀察自身的能量光環。要是你的臥室正是這樣，你便擁有絕佳的觀察自身能量光環的場所。

1. 站在一面大穿衣鏡前，雙腳自然分開，保持平衡。
2. 閉上眼睛，輕柔深長地呼吸兩、三次，放鬆身體肌肉。
3. 將眼睛睜開、閉上幾次，放鬆焦點，再望向鏡子，觀察身後牆上映出的你自身能量光環的輪廓。

我在臥室門邊放了一面全身鏡，就是專門用來觀察我的能量光環的。

看見手部能量光環

這對新手來說是一項簡單的練習。雙手會發散和接受能量，因此，手部的光環顯現非常明顯，這使你的手部成爲全身最容易觀察到能量光環的部位。不過，你還是需要一些恰當的準備。

1. 光線亮度要低，壁角燈就是合適光源。
2. 面對白色背景將手臂伸直，手掌對著臉部。
3. 保持片刻後，將手掌移近面部，到距離面部約二十五公分處。
4. 仔細觀看手指之間和指尖部位。
5. 你可能會看到緊貼皮膚處有一圈白色，也可能是淡藍色或藍灰色。

隨時做這項練習，不僅能鼓勵心智接受能看到能量光環這一事實，也能加強你的光環視覺。光環發散出的微妙光線將慢慢展現出不同層次的色彩。

高階光環視覺

當你進階到這項練習時，選擇練習的夥伴成爲最關鍵的因素。首先，這名同伴要讓你覺得非常自在。其次，此人對你沒有任何期盼，不會給你要造出某種心靈想象的壓力，不會阻礙你的直覺示現。同伴的衣服不能有圖案，色彩要平淡，駝色、米色、白色、淡灰色是最佳色彩。記住要輕柔迅速地轉動視線，在任何情況下都不要凝視，因爲凝視會改變眼睛的焦點。現在請做好準備。

1. 挑選一段三十分鐘的舒緩音樂。音樂會降低安靜帶來的壓力，也可以放鬆你與同伴的心情。

2. 稍稍調暗光線，去除刺眼的明亮光線，讓能量之光得以展現。壁角燈是最合適的光源。不要嘗試用蠟燭，因爲搖曳的燭光會影響視覺，讓光線抖動。

3. 請你的同伴閉上眼睛，在心中想像寧靜的景色，放鬆心情。

4. 閉上你的眼睛，將注意力集中在呼吸上，隨著呼吸讓心情平靜，腹部肌肉放鬆，慢慢到達輕鬆的專注狀態。稍稍睜開眼睛，再輕輕閉上，休息幾秒鐘。重複五次，讓眼睛從慣常的聚焦中脫離出來。

5. 輕柔緩慢地稍稍睜開眼睛，望向同伴的頭部邊緣，看見薄薄一層泛白的藍色光環，那是能量光環生理層。再閉上眼睛，休息片刻。

6. 再次稍稍睜開眼睛，順著同伴身體的輪廓察看泛白的藍色生理層。

7. 目光從左至右掃過同伴的額頭，再從右至左。

8. 輕輕地將視線向下落到胸部，來回掃描這部分的身體。再順次下移，做同樣掃描，直到你掃描完整個身體。

如果你不能察覺到任何光線或色彩，先放鬆眼睛，然後以水平、對角、垂直、繞圈方向迅速轉動眼睛。此時若有任何色彩一閃即過，請勿忽視，要閉上眼睛，將這一閃現記在心中。在你的心智沒有習慣抓住微妙的光環色彩之前，這些色彩會在你視線中僅僅一閃而過。

當你能夠很熟練地看到能量光環的生理層後，以太層就容易看見了。一旦你掌握了這兩個層次，你的視力就提升到足以看到活力層的鮮活光線了。請記住，光環視覺雖然是人天生的能力，但重新拾起這個能力的過程不會是隨意發生的。所以，請務必努力、努力、再努力啊。

小組練習

想要察覺到微妙的生理層光環，最好的方法就是小組練習。組織一群朋友在燈光昏暗的房間裡坐下，圍成一圈，椅子之間的空隙要緊密，幾乎挨在一起。每一個人都和相鄰的人手心相連，左手心向上，右手心向下。手肘自然彎曲，不要伸得筆直，不然肩膀和手臂在練習過程中會因緊張而造成疼痛。

1. 每一個人都閉上眼睛，將注意力集中在脊柱上，確保脊柱自然舒適。如果脊柱緊張，輕柔調整坐姿，直到感覺舒服。
2. 從鼻孔緩慢而深深地吸氣。屏氣數到三，然後嘴巴盡量緩慢地呼氣，這能幫助身體放鬆。重複五次後，再讓呼吸恢復正常。
3. 睜開眼睛，看向正對面的人的髮際線兩側。然後閉上眼睛。
4. 重複步驟3，緩緩地做十次。

5. 再以飛快的速度重複步驟3，睜眼閉眼的速度相當於平時眨眼的速度。如此做五次。

6. 再次睜眼看向正對面的人的髮際線，將視線從一側肩膀移動到另一側肩膀。

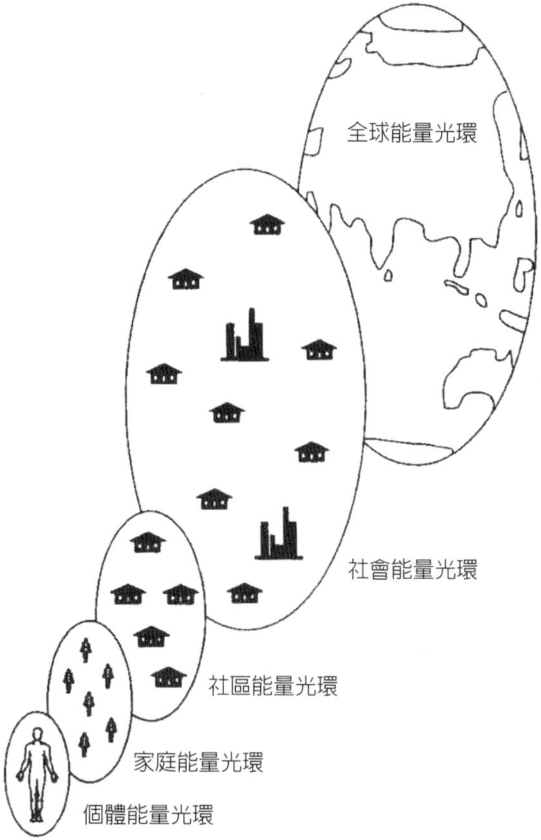

圖 13：世界能量光環

一開始你只會看到細微的光環之光。但是，小組練習兩次以上後，光環會顯現出更明顯的色彩。佩戴眼鏡的人可以嘗試戴上眼鏡和脫下眼鏡兩種方式觀看，來確定哪種方式更合適。

光環的心靈感應

能量光環的電磁力場和地球大氣相融，與後者密切交流，更需仰賴後者才能生存，因此組成了複雜精密且高能的光環之網。在一個家庭中，各個成員間的能量光環彼此互動，達成統合。這個更大的能量光環可以超越天花板，達到比一層樓的房頂稍高一些的高度。到了這個高度，就會與鄰居的能量光環相連，形成社區光環。以此類推，整個地區以及各個城市的能量光環相連成社會光環，最終顯現爲社會的集體意識。這一大氣中的相連讓思想和情緒通過空氣波動傳向遠近各方，與其他社會光環交融，形成複雜的全球光環，讓人類以心靈感應的方式交流。

我來講一個通過光環感應這一交流「熱線」而發生的故事吧。這是我的一位諮詢人的親身經歷。她和她哥哥計畫去歐洲旅行，他們拚命工作存錢，準備了很久，爲了節省旅行開支，兄妹倆決定做背包客旅行。讓他們驚喜的是，一個住在英國的家族朋友向他們提供了自己在倫敦的空置公寓，做他們在英國旅程的落腳點。

兄妹倆一起旅遊了瑞士阿爾卑斯山、比利時、奧地利，在前往德國的途中暫時分開，哥哥準備在德國待兩週，她則動身去倫敦。抵達蓋特威克機場後不到十分鐘，一個男人把她撞倒在地，搶走了她所有隨身物品。她整個人都愣住了，除了身上穿的衣服，就剩下那把公寓的鑰匙還用鏈子掛在她脖子上。

她昏頭昏腦地走在擁擠的大街上，遇到一名警察，聽了她的訴說後立刻就採取了必要的行動。最後她到達公寓時已經又餓又累，一頭倒在床上，哭著睡過去了。驚嚇加上一路旅行積累下來的疲憊讓她一直睡到第二天中午十一點，才被一陣急切的敲門聲驚醒。她心有餘悸，不知道來的是什麼人，坐在床上一聲不吭。這時一個熟悉的聲音在外面大喊她的名字，那是她哥哥。他一直感覺到妹妹出事了，於是取消了一切預定計畫趕到身處困境的她的身邊。

通過電話感知光環能量

如果你是珀斯羅恩．愛德華茲6PR廣播節目的忠實聽眾，你一定會很清楚我是如何善於捕捉社會能量光環的氣息，隨時調整自己，在節目中和聽眾即時電話交流。打進電話的聽眾只要說出第一個字，我就能在內心清楚地看到他們的能量光環模式。這是因爲每一個聲音都顯示了特定的能量光環，聞其聲如見其人。無需進一步交談，我心裡立刻就有了這個人的光環色彩的樣子，對此人的健康狀態也清清楚楚。

恩尼是偶爾收聽節目的聽眾，他在旅行途中用手機打進電話，羅恩先向他表示歡迎。還沒等恩尼對我說出一個字，我就問他的右手拇指怎麼樣了。我在能量光環視覺中看出他的右手拇指腫脹疼痛。我告訴他有異物刺入拇指，那裡發炎了。恩尼說他已經沖洗過傷口，也照著好幾個人的建議塗了各種藥膏，都不見效。我建議他立刻去看醫師。當然啦，羅恩・愛德華茲在一旁聽呆了，節目製作人也看著我，一副不可思議狀。幾天後，恩尼又打電話給羅恩，說醫師在他的傷口裡找到一小根玫瑰花刺，傷口果然已經發炎了。

不管光環觀察者和觀察對象之間相隔多遠，全球大氣波動能打破距離障礙，讓觀察著順利看懂對方的能量光環。羅恩第一次採訪我是通過電話，當時他在西澳，而我在新南威爾斯。採訪結束時，我提醒羅恩他身上的一顆痣有點問題，建議他認真對待，並說我會在三週後到珀斯時再觀察。不過羅恩決定保險起見，立刻去看了醫師。醫師的結論和我一樣，於是替羅恩去除了那顆痣。

下次當你講電話時，去感知對方的能量光環，以此來加強感應能力。講電話時閉上眼睛，集中注意力。用感覺來聆聽對方的談話，留心自己心中出現的畫面或圖像。色彩或符號會一閃而過。等通話結束，立刻寫下你的感覺。要寫得完整通順，這樣你就可以開始理解你的感覺了。

對於諮詢服務和大企業來說，通過電話讀懂對方的能量光環是非常有用的。

光環攝影

能量光環照相機的問世給「新時代」運動帶來旋風般的影響。現在你到任何一個靈性集會都能看到人們排隊等著拍攝能量光環的照片。不過電子儀器如何能拍下人體能量光環，人們還是半信半疑，所以經常有人問我這到底可不可信，它的工作原理到底如何。我邀請了該領域的知名團隊來對此做出解釋，他們是「國際光環視覺」（Aura Vision International）的喬・薩摩斯（Joe Summers）和伊麗莎白・簡森（Elizabeth Jansen），他們使用擁有原創專利權的光環相機進行光環攝影，事業頗為成功。

分光光度計盒內裝有高速電腦控制器，由程序自動進行能量光環的攝影過程，配有特別的電路來測量電磁交流和處理光信號。

電腦控制器裝有十六位元的小處理器，可以幾乎即時運行。特別裝置的電路測量人體的電磁流，探測能量光環。能量通過電路轉化爲大體穩定的電壓。從輸入電路接收到的數據由電腦的分光光度計程序調整後，發送給光信號處理器，再發送給相機。

能量光環相機配有高質量的感光元件、快門、寶麗來膠片儲片夾、光信號轉換器。由分光光度計程序調整後的數據從輸入電路發送到光信號轉換器，轉換爲膠片上的能量光環圖像，和拍照人本身的形象一起成爲帶有能量光環的彩色照片。

喬和伊麗莎白通力合作，確保光環攝影的質量和精確度。了解到這一點後，我聘請他們提供專業服務，爲本書拍攝我的能量光環照片。喬是一位「靈氣大師」（Reiki Master，療癒師），伊麗莎白是位溫和的女士，兩人都有敏銳的直覺力。他們調整我的姿勢，拍下了我的能量光環肖像（請參見彩頁第1頁，圖14）。我坐在椅子上，一隻手放在黑色的盒子上，那是通過電流記錄我能量振動的儀器，喬按下了快門，約每十分鐘拍攝一張。每一幀照片都記錄了心的關注狀態，很容易就能看出隨著內心狀態的變動，頭部的能量光環也在迅速變化。

高質量的光環彩照可以將各種不同的能量展示出來。電腦分析又將能量光環帶進「高科技」領域，顯得很高端。令我失望的是，價格低廉的光環相機已經在市場氾濫，拍出的照片質量低劣。說起來令人難過，但有些地方的光環攝影不過是「新時代」的「鈔票收割機」而已。

光環視覺的責任

如果你能夠看懂人體能量光環，你就負有重大的責任，你必須能夠體察人情，學會恰當的建議技巧。當人們知道你能夠看穿他們，會覺得受到威脅，所以你一定要確保不會傷害他人，不使人難堪。

幾年前，我在維多利亞市參加一個集會，有個年輕的女子帶領一位中年婦女到我這裡，要我畫出她的能量光環。我一眼看出這位中年婦女的心臟部位有嚴重問題，於是我將她拉到身邊，詢問她的健康狀況。她告訴我說醫師的確要她定時服藥，不過她不以爲然，覺得沒什麼好大驚小怪的。我懇求她聽醫師的話。她很不高興，從我手裡拿過能量光環圖，一把塞進包裡，轉身就走，消失在人群中。我只好找到那個年輕女子，她還沒發現自己的同伴已經跑沒影了。

幸虧這女子是那位中年婦女的大女兒。我把她母親的情況告訴了她，她嚇得臉色都變了。呆立一陣後，她轉身又帶來了一位中年男子。我看了一下他的能量光環，發現他最近動過心臟手術。待我畫好他的光環圖，年輕女子過來對他說：「爸爸，你知不知道媽媽的心臟有嚴重問題，醫師已經開藥給她了？裘蒂絲剛發現的。」男子吃驚地張大了嘴巴，呼吸都急促起來。他轉頭看著我說：「她做什麼我都不會奇怪。你知道嗎，我們結婚三十五年了，她從來就不跟我說她的情況。很可悲是吧？總之我是盡力了。」我跟他說祝他們夫妻倆一切都好，然後目送父女二人離開。我想我是打開了潘朵拉的盒子。難怪我把妻子的祕密說出來時，她看向我的目光簡直像是要飛出小刀子來呢。

我非常注意保護個人的隱私和權力，對此我很自豪。我會花上好幾天去分析情況，確定我將要採取的行動是正確的。

我還想告訴讀者一個故事。當時我正在畫一位年近八旬的老人的能量光環，發現有癌症跡象。我看到那裡有舊傷疤，是之前已經進行過癌症切除手術的痕跡。我決定告訴老人，可是還沒等我開口，他就將一隻手放到我的肩頭，說：「我知道你要告訴我什麼，癌症又復發了。你看，我已經不想再經受任何治療了。我太累了，也太老啦。」我對他說他當然有決定權。一年後，一位老太太來找我，她是老人的朋友，她告訴我老人離世時很平靜。她想讓我知道，不去干涉老人的決定，讓他有選擇死亡的權力，這爲他減少了許多痛苦。直至今天，每憶起這段故事，我還是會爲這誠摯的情感流下眼淚。

我帶著光環視覺長大，憑直覺給出建議幾乎成了我的第二天性。然而，在我成長的歲月裡，我有好幾次都讓自己陷入尷尬境地，冒冒失失地把自己看到的向人直言，而對方要麼根本不想知道，要麼不想被我看穿。即便到了今日，我的親友也會因我在場而不舒服，因爲他們已經能夠看出我觀察能量光環時的表情，知道有時候我在邊和他們聊天邊察看他們。我的一個最好的朋友說得很精闢：「我在你面前是一覽無餘的，你還能認我做朋友，說明我確實有與衆不同之處呢。」

我必須從實踐中學習，來制定運用光環視覺的操守，以下就是我所奉行的準則：

- 在日常談話中，對人們的言語做反應，不要對自己看到的光環現象做反應。
- 聆聽人們的話語，由他們來告訴你他自己的感覺，不要通過解讀能量光環來了解對方的感受。

- 人格表現通常是自我保護，使人免受情感傷害。也就是說，表現得外向的人也許實際上非常內向。
- 每個人的能量振動都獨一無二，每個人的生命都會以自己的節奏在自己的時間上開花結果。
- 光環視覺的運用必須是非侵略性、非暴力、非攻擊性、非評判性的。
- 每個人都有保持個體尊嚴的權力。
- 我的能力是爲他人服務的。

可是，許多時候這些準則也會變成雙刃劍，我的朋友會對我大喊：「你爲什麼不早說？你是不是一直都知道？」或者：「你肯定還知道更多。說，你還有什麼沒告訴我？」唉，有時候眞的沒辦法讓所有人滿意。

有時候看到那些有特異能力的人完全不尊重他人的隱私，我眞是非常失望。我的一個同事在課程圈內很有名，有一次一個有眼通力的人徑直走到她面前，當著三十多人的面，用決斷的口吻大聲說：「我能看出你的婚姻出了問題。哦，是在爭奪監護權吧。不管怎樣，都是一團糟。可憐的人。這可是破壞了你和孩子的關係，給你心頭帶來大麻煩了。」我當時眞想脫下鞋子抽到這傢伙臉上去。

被眼通力者這樣一鬧，我同事不知道說什麼好，連目光都不知道該往哪裡看了。我急中生智地說了兩句俏皮話，大家笑了起來。氣氛緩和後，我把同事領到隱蔽處，讓她鎭定下來。眼通力者說的是實情。

在眾人面前賣弄自己的能力，不顧他人的感受，在我看來這就是人品不佳。

4

能量光環的色彩

孔雀的驕傲是上帝的榮光。

威廉．布萊克

從孩提時候起，我最迷戀的就是色彩。我用稚嫩的雙眼捕捉大自然的美和歡樂。花園中每一片葉子都別具色彩，那是光在嬉戲，紛紜變幻。光暈在每一個人的頭頂閃亮，於是我童稚的心中相信所有人都是神聖的。

在我成長的歲月裡，母親教會我細辨各種色彩，紅色與深紅色，紫色與聖羅蘭色，洋紅與靛藍……我雖然受教得以辨別各種色彩，但能量光環中所出現的色彩究竟是什麼意思，有怎樣的意義，對此我並不明瞭。我是通過實踐才慢慢看懂能量光環中色彩的排列組合意味著什麼。快二十歲的時候，我已經完全明白了光環中各種色彩所代表的正面或負面的含義，即便只是遙遙見到某人，我也能立刻準確地看懂他的能量光環。對我的朋友而言，這可不是個皆大歡喜的好事。我會逗他們玩，打個小賭贏點小錢，比如猜猜看街上哪一個人會向我們走過來。在他們眼中，那個人連樣子都看不清，可我卻像明鏡似的把他的想法都看得清清楚楚。沒人想到我是靠了特別的手段來賭贏他們的零用錢的，不過很快他們都服了，不再和我玩這個遊戲。

顏色是我們日常語彙的一部分，英語中有那麼多俗話和顏色相關：氣紅了臉（red with rage），整個人都藍（不好）了（got the blues），膽小得發黃（yellow streak），嫉妒得臉發綠（green with envy），眼前一黑昏了過去（blacked out），嬰兒粉（baby pink），還有你的銀行帳戶要麼是紅（in the red，表示「虧損」）要麼是黑（in the black，表示「盈餘」）。

有趣的是，據歷史學家和研究者發現，生活在二十世紀的我們能看到的色彩比祖先們看到的多得多。似乎是隨著社會智力的發展，色彩視覺也在發展，眼睛的權力越來越強大，讓人不禁好奇當今世界越來越多的人要戴眼鏡，其原因之一是否是因爲現代社會發展的節奏越來越快。

光環的色彩及其含義

雖然許多人都能夠偶爾看到能量光環，但鮮少有人能夠準確解讀他們所看到的，因爲缺乏讀懂能量光環所必需的知識。我自己也是慢慢摸索才明白能量光環中的每一種色彩都對能量有著強烈的影響，不過由於各自的波長和能量頻率不同，每一種色彩的影響力也不同。

能量光環色彩所代表的是生命本身，個人因此可以從非黑即白的思維與感受中解脫出來。人類的視力有限，光譜中紅色至紫羅蘭色的波段中，我們能辨別的只有幾種色彩。而在靠近紅色或聖羅蘭色的兩端，有些色彩如此耀目，以至於肉眼幾乎要被光線刺瞎。僅在過去十年內，我就在能量光環中發現了那麼多新的色調，讓我無比驚嘆。我覺得，隨著我們在靈性上的成長，我們的意識也在擴展，能感知到更多從未見過的色彩，聽到從未聽過的聲音，也能夠接納新的思想。

下面我將一一介紹不同的光環色彩。我所說的是經過我一生不斷嘗試與檢驗的理論總結，是四十多年來的親身實踐，觀察數千人後的結果。請了解能量光環色彩的意義，讓你的世界迎接新的視野、新的活力。

水綠色（aqua）

表示此人是一名療癒大師或擁有療癒能力，因此這一顏色在能量光環中很罕見。出現這個顏色，此人要麼天賦異稟，要麼受過專門訓練。

黑色（black）

在能量光環中有多重含義。當你畏懼他人時，黑色是防禦的能量波，反之則表明你在做不可告人的行爲。黑色中沒有光線，因此阻礙此人得到恰當的支持和引導，所以我們通常在不幸的案例中看到黑色出現在能量光環中，比如受虐的孩童、離異人士、受折磨的被害人、難民和藥物濫用者。當黑色出現在能量光環的各個層次中，表明此人在情感、自尊或身體器官等方面遭到損害。黑色的侵略性能量會在能量光環各層蔓延，頑強地吸收色彩光芒，窒息生命力。若黑色中還能觀察到深紅色閃現，說明此人極爲邪惡，是最壞的那一類，那種你不願意在暗夜黑巷子裡撞見的人。

藍色（blue）

淡藍色（pale blue）是敏感的顏色。此人富有情感和想象力。淡藍色偏多說明還需努力邁向成熟。在藝術家、作家、演員、室內裝潢師等人的能量光環中會看到淡藍色與橘色或紅色同時出現，表明他們能夠協調豐富的情感，與外部世界溝通。然而，對大多數普通人而言，淡藍色能量通常代表個性誇張，易受他人觀點影響。頭痛與心痛等病症與淡藍色相關。

天藍色（sky blue）表明有很強的直覺感受力。這種直覺儘管強烈，但此人並未意識到這是通靈能力。

鈷藍色（cobalt blue）代表純粹直覺，來自更高的靈性能量光環層次。當鈷藍色出現在能量光環中，表示此人得到了直覺上的運氣，生命中會有各種好運。比如說，隨便買一塊地，結果地下有全國最好的礦泉水源。

普魯士藍（Prussian blue）代表和諧的天性、好運，也代表女性氣質占比較大。如果腳的周圍能看到普魯士藍，說明可以防禦其他能量的入侵，此人有著穩定和諧的現實觀。

皇家藍（royal blue）表明此人已經找到了命定的道路。皇家藍也代表良好的判斷力和誠實。對於從事健康護理行業的人員，皇家藍能量可以激發並提升他們的工作技能。

台夫特藍（Delft blue）代表可靠的個性，此人對生命、愛情與工作等各方面都具有道德感。如果在頭部和雙手部位看到台夫特藍色，說明此人具有智慧和聖者的徵象。可是，如果能量光環中台夫特藍色太多，說明此人道德感過強，有可能影響直覺力和邏輯能力，進而影響自然而然做出決斷的能力。如果在腳部周圍看到台夫特藍色，此人最好重新審視自己的理想。

群青色（ultramarine）在漁夫、水手和衝浪者的手部周圍最常見，群青色將人體能量與大海能量的振動連結起來。

海軍藍（navy blue）代表道德上的考量，當海軍藍色出現在能量光環的任何一個部分，說明此人能夠做出緩慢卻堅定的進步。

靛藍（indigo）代表通靈能力，在頭部和手部周圍出現。當靛藍和白色同時出現時，說明此人還具有心靈感應的能力。著名的眼通力者和靈媒的周身通常都籠罩著靛藍色，比如多麗絲·斯托克斯（Doris Stokes）。

棕色（brown）

琥珀色（amber）表明重新集結自身力量，或者找到新的勇氣去面對挑戰，通常可以在應聘新工作、尋找升職機會、長時間離職後重返職場者的能量光環中看到琥珀色，也會在準備公開表演、歌唱、辯論的人身上發現。當我們祝一個人好運的時候，我們的潛意識認出了對方能量光環中的琥珀色。

焦糖色（caramel）表明具有實現某個務實計畫的熱情。那些熱衷於翻新、擴建房子的人，以及樂於將自己的事業一步步做大的人，他們的肩部和手臂部位都會有焦糖色環繞。

銅色（copper）表明和地球礦產資源的聯繫緊密。我從未在城市居民的能量光環中看到銅色，只有那些從事礦產開採的人的光環裡才有銅色。大約二十年前，在昆士蘭的三名澳寶（opal）採礦人身上，我第一次看到銅色出現在能量光環中。

生赭色（raw sienna，一種棕黃色）在能量光環中有一種渾濁的感覺，說明此人可能因爲決斷力弱而出現生理上的不適。如果生赭色出現在頭部周圍，表示此人無法清晰思考。如果是在腳底或腳的周圍出現，說明此人正身處困境。

小鹿色（fawn）意味著一段困惑期即將結束。此人將慢慢重拾自信，頭腦也會清醒。

鹿皮色（doe skin）說明具有務實的天性，此人有很強的自我規畫和自我控制力，日常生活按部就班，心態穩定有秩序。

蘑菇色（mushroom）表明生命歷程的發展節奏變慢。如果在手部或腳部周圍看到蘑菇色，此人會覺得無論自己多麼努力，生活就是不會如其所願加快發展。

巧克力棕（chocolate brown）表明與大地母親之間的連結。環保主義者、農民、園丁等都在能量光環中精神抖擻地展現出巧克力棕色。此人對世界有歸屬感，其信念深深地根植於土地。骨骼疼痛與巧克力棕色相關。

赤褐色（russet brown）顯示此人性格沉穩安靜，勤奮工作，「勤奮自律」是他們的座右銘。

赤陶色（terracotta）表示打破常規。青春期的年輕人渴望擺脫家庭束縛，他們的能量光環中滲透了赤陶色。還有在官僚體制內工作卻敢於打破固有思想和政策的人，他們的手部和腳部周圍很有可能看到赤陶色。

深棕色（dark brown）表明具有常識。此人務實、接地氣、自律，做事有條理。深棕色顯示出循規蹈矩的行爲。

金色（gold）

金色是意識進化的表現。在畫像中，耶穌基督、佛陀等聖者的頭上，經常會描繪出金色的聖光暈。我在非凡的靈性領袖的能量光環中看到過金色，比如神父貝朵．格利菲斯（Bede Griffith）和賽．巴巴。眼通力者通常會將金黃色誤認爲金色，那是因爲他們的眼睛沒有細辨光環能量振動的能力。

綠色（green）

淡綠色（pale green）顯示出通過與自然和精神領域協調而達成高層次的靈性。淡綠色能量平靜安寧，宛如晴天的雨林，清新如春雨，慈悲如守護天使。能量光環中出現淡綠色的人，是眞正「美麗」的人。

檸檬綠（lemon green，黃綠色）是欺騙和撒謊的色調。出現這樣的顏色一定是此人有騙人的行徑。如果在能量光環的外層看到檸檬綠，說明此人被困在由他人造成的不實的環境中。青少年受迫於同儕壓力，他們的能量光環中常常會出現檸檬綠色。

蘋果綠（apple green）代表新生，是療癒的力量，表明新的技能以微妙的速度降臨，通常與健康護理相關。當蘋果綠色出現在手部周圍時，表明此人有自然療癒的能力。在腳部附近或周圍出現，表明此人正經歷著療癒過程。

螢光綠（iridescent green）表示友好、可靠、心胸開闊。基本上每個人的能量光環裡都帶有一定程度的螢光綠色。如果在大腿周圍看到螢光綠色，表明此人容易接收到生命所帶來的美好事物。

祖母綠色（emerald green）出現在能量光環中表明目前存在的某個創傷正在慢慢平復。祖母綠色有療癒情感的功能，可以使人對事情恰當回應，而不是激烈反應。

藍祖母綠色（emerald green-blue）代表了一種稀有的品質，是天生療癒師的顏色。有時會在療癒從業者的能量光環中看到，比如靈療師、自然療法從業人員、醫師、護理師、牙醫、諮詢師和慈善工作者等等。

綠玉色（jade）代表慈善的天性，富有自我犧牲精神，不期望任何回報。宗教社團人員的能量光環中常常能看到綠玉色。

翠綠色（viridian，藍綠兼有的顏色）表明此人正經受著一段情感與心理上的壓力時期，其活力層與星體層的能量正在被消耗。

橄欖綠（olive green）一定會出現在查爾斯．狄更斯筆下人物史顧己（Ebenezer Scrooge）的能量光環中，因爲橄欖綠色代表了吝嗇的態度，對人缺乏信任感。如果顏色顯得渾濁的話，表明此人具有占有慾。

深綠色（dark green）代表心理壓力，可以是自身誘發或來自外部的壓力。如果深綠色伴隨黃色出現，表明此人困於自我懷疑、自我否定和自我批判的心境中。

銀灰綠色（green-silver grey）只在一種情況下出現，即此人被來自胎兒期的負面記憶困擾。銀灰綠色總是霧濛濛的狀態，繚繞在整個能量光環中。

綠松石色（turquoise）代表著堅韌不拔、積極向上的精神。此人一心想要自我發展，求取技能，實現階級躍升，如此假以時日，會在能量光環中顯現出綠松石色。

灰色（grey）

淡灰色（pale grey）表示此人缺乏決斷力，且深受其苦。不管是面對職業選擇還是決定一段關係的走向，無法做出抉擇的人常常在臀部和膝蓋位置有淡灰色環繞。

銀灰色（silver grey）顯示出女性氣質的傾向。富有創造力的人通常都能在其能量光環中看到銀灰色痕跡，從事健康護理職業的人身上也能看到。若此人練習瑜伽、武術、冥想，或進行其他形式的靈性修煉，都能夠在其能量光環中看到一縷縷的銀灰色。

炭灰色（charcoal grey）表示抑鬱，能量受到窒息。當炭灰色和粉紅色同時出現時，一定要非常重視，因爲這說明此人有自殺傾向。

橘色（orange）

杏色（apricot）代表關愛的交流。通常在諮詢師、談判家和寵愛孩子的父母身上看得到這種顏色。杏色是我最喜愛的光環色彩，因爲它說明了此人善良仁愛，關懷人類。我經常在救世軍成員和哈瑞奎師那（Hare Krishna）信徒的能量光環中看到杏色。

橘色（orange）代表熱情、交流、合群，在成功人士的能量光環中通常都能看到橘色，尤其是企業家。進行競選活動的政客渾身上下都浸潤在橘色能量的波動中。活潑外向的人也充滿橘色能量。橘色代表活力四射，是那種被稱爲「活躍分子」的人。如果能量光環中一直都有橘色，這種人是天生的統治者，他們的責任感會戰勝個人的權力欲。他們具有出色的親和力，可以與各個階層的人溝通，無論貧富。若橘色出現在手部周圍，表明此人很有條理，能夠爲社群的利益做出貢獻。

南瓜色（pumpkin，金橘色）表明既有堅定的目標，同時也有實現目標的方法。南瓜色也表示自我控制力。通常在通過學習、考試來創造職業機會的學生的能量光環中能看到南瓜色。

橘棕色（orange-brown）表示缺乏野心、懶惰，自由散漫。如果能量光環中橘棕色太多，表明可能有腎臟疾病。

橘紅色（orange-red）表明缺乏決斷力，意志薄弱。橘紅色通常在腳部附近出現，表明此人很容易被他人牽著鼻子走。

粉紅（pink）

淡粉色（pale pink）若少量出現在能量光環中代表愛情，若大量出現則有可能表示此人欠成熟，或為人靦腆、畏縮。受虐兒童的能量光環中通常都有粉色散布在胸部周圍。

茜草紅色（pink madder）代表忠誠、信守承諾，也代表執著。許多新婚佳偶的能量光環中都有茜草紅色，宗教團體的人員也多是如此。

鮭魚粉色（salmon pink）代表事業。若找到了自己終身的事業，則能量光環中幾乎一直都會出現鮭魚粉色。

螢光粉色（iridescent pink）代表動物性的激情欲望。青少年男生滿街找艷遇的時候，整個能量光環都放射著螢光粉色。

髒粉色（dusty pink）表示不成熟。當一個人在閒盪的時候，其能量光環中會暫時出現髒粉色。但是，如果能量光環中經常出現這個顏色就要重視了，因爲這說明此人缺乏責任感，也有可能表明此人有情感及心理障礙。

紫色（purple）

薰衣草色（lavender）表明初步的通靈能力。具有薰衣草色的人通常經歷過特別事件，使得他們的靈性得到提升，或得到覺悟。因此他們感到「內明」（inner knowing），也感覺與更高的目標產生連結。任何一個有過瀕死體驗的人都會在能量光環的一處或多處出現薰衣草色。

紫丁香色（lilac）表示精神上的平衡。紫丁香色為能量光環帶來和諧，讓人感覺平靜。通常老年人的能量光環中會出現紫丁香色，我想那是因為他們已經度過了一生，該奮鬥的已經奮鬥過，可以說在一定程度上已經接受了生活，死亡也在他們的生命中日益臨近。有宗教信仰並修行的人會在能量光環中出現淡綠色與紫丁香色的結合，表明此人具有慈善、高尚的品質。

洋紅色（magenta）表示與時俱進的同步性。簡言之，就是此人可以在合適的地方、合適的時間、根據合適的機緣來發展自己的利益。在企業家的能量光環中，品青色通常會出現在頭部、腳部和雙手的周圍。

淡紫色（mauve）代表謙虛。令人可惜的是，現代西方社會中，能量光環裡有這種顏色的人寥寥無幾。許多宗教組織的成員通過自我奉獻、分享、關愛等宗教修行而在他們的能量光環中出現淡紫色。

帝王紫色（imperial purple）最常出現在「新時代」擁護者的能量光環中。顯示此人的本能被激發，深層的內在自我覺醒，夢境增多，因此通常在頭部周圍出現帝王紫色。能量光環中出現紫色的人可能會過於傾向精神理念和哲學。

葡萄紫色（grape）表示此人需要更加努力。這個顏色常常出現在不好好學習的孩子和大學生身上，他們的能量光環裡葡萄紫色如雲霧繚繞。

紫羅蘭色（violet）代表靈魂的使命，顯示出此人的心識、情感、身體和精神都達到協調統一，從而具有無限的靈性智慧。真正的上師在對大眾開示的時候，紫羅蘭色會出現在他們的能量光環中。能量光環中出現紫羅蘭色也展示了謙虛的品質。

藍紫羅蘭色（blue violet）在能量光環中不常見。藍紫羅蘭色代表先驗的理想主義。

紅紫羅蘭色（red violet）表示一種發自靈魂的創造性的抱負，想要擴展個人的權力。

紅色（red）

暗紅色（carmine）表示突如其來的變化和演變。暗紅色出現在能量光環中顯示此人在潛意識中尋求變化。

朱紅色（vermilion）表示創造性和強烈的感情。你遇見的每一個充滿活力和創造力、富有魅力的人，其能量光環中極有可能看到朱紅色在各個層次出現。每當你充滿激情地去做一件事，朱紅色肯定在你的能量光環中出現。當你發脾氣、不耐煩或與人爭執的時候，你的能量光環中也會出現朱紅色的條紋。

鐵鏽紅色（rustic red）表示衝動、緊張和攻擊性。脾氣不好的人的能量光環中多少都會有鐵鏽紅色。

猩紅色（scarlet red）表示太過自我。猩紅色也代表了欲望和過度的激情。如果能量光環中猩紅色成爲主導色，表明此人沉湎於幻想中。

深紅色（crimson）能夠加強天生的創造才能。深紅色還可以讓人的願景清晰，更加主動地運用創造力。不過，過多的深紅色表示此人有執念和占有欲。

栗色（maroon）代表自我激勵和堅定的方向。當人們改變生活方式或職業方向時，栗色會出現在他們的腳部周圍。栗色也表示此人正在調動體內的緊張能量。

紅葡萄酒色（claret）會增強你的意志，幫助你專注於事業。紅葡萄酒色常常出現在改變職業道路或正在克服創傷的人的能量光環中。當紅葡萄酒色伴隨淡藍色時，表明此人外表堅強但內心脆弱。能量光環中紅葡萄酒色過多會讓人脾氣急躁、行爲莽撞、剛愎跋扈。

銀色（silver）

銀色（silver，金屬色）是將創造力與靈界相連結的顏色。靈媒與療癒師常常與靈界溝通，因此他們的周身彷彿籠罩在銀色編結成的繭中。大多數女性在排卵期時，會在整個能量光環中顯示出小小的銀色或橘色的星狀光波，這代表著生殖與新生命。我相信男性在潛意識裡能感知到這些信號，因此這一現象就成了能夠維繫人類物種繁衍存續的光環密碼。同樣的能量振動也會在女性的整個孕期中出現。

銀灰色（zinc）會在男性和女性即將爲人父母時，出現在他們的生殖器官附近。

白色（white）

米色（cream）顯示出你將踏出最好的一步。當米色出現在能量光環中時，說明物質和精神雙方面的能量達到和諧一致，你將邁上人生的進步之旅。每當我在客戶身上看到米色時，我都會非常高興，因爲這表明他／她即將採取的行動無論如何都不會出錯，我會鼓勵他們盡情大膽地邁進。

珍珠色（pearl）表示身心靈的淨化。將生命奉獻給靈性覺悟的人，身上偶爾會有少量的珍珠色出現在他們的能量光環中。出色的靈媒和經常與靈界溝通的療癒師也會有這樣的狀況。我猜想諸如基督和佛陀那樣的聖者應該會有純然珍珠色的能量光環，因爲這是最完美的能量光環。對大多數人而言，珍珠色只在他們臨死前的剎那才出現在能量光環中。我想那是因爲自我在進行淨化，達到平衡，準備好從物質世界進入靈性世界。

透明白色（transparent white）表明此人擁有心靈感應的能力。想要知道一個人是否擁有心靈感應的能力不難，只要看看他／她有多少次能準確預感到有人來訪或打電話進來就可以了。透明白色是有著神聖的傳承的。

粉白色（white wash）表明此人即將經歷身體的變化，這會影響到他／她的生活方式、財務狀況、關係、健康或事業。這一變化通常是惱人的，可是長遠來看卻有著非常正面的結果，也就是俗話說的「塞翁失馬，焉知非福」。另外人們日常生活中說「善意的謊言」（little white lies）時，能量光環中就會出現粉白色。

黃色（yellow）

淡黃色（pale yellow）表明此人心理狀態虛弱，或者生性靦腆。當人們受到他人恐嚇時，情感上的畏懼會以淡黃色出現在能量光環中。

櫻草黃（primrose yellow）代表樂觀和學習新知識。開始新事業的人會在頭部周圍出現櫻草黃色。小孩子在第一天上學的日子裡會在能量光環中顯示櫻草黃色。

檸檬黃（lemon yellow）表明此人很有主見，目前正在把精力從不必要的事情轉移到必要的事情上。

金鳳花黃（buttercup yellow）表示正全心全意地專注於大事務、大方針上。

金黃色（golden yellow）表明心靈提升到更高階的意識狀態。金黃色顯示出得到巨大的啓發，有時也表示重振心情。

芥黃色（mustard）表示此人在玩操控人心的把戲，表明此人有狡詐的天性，可以口蜜腹劍。

橘黃色（orange-yellow）表明此人生性多慮，爲人教條刻板，哪怕做出最微小的貢獻也需要得到認可，總是感到別人欠他的，會斤斤計較，過於挑剔。這樣的人有可能患長期頭痛。

稻草黃（straw yellow）表示此人想入非非，沉浸於無聊的胡思亂想中。這種不切實際的天性通常會給他們的生活帶來經濟壓力，在能量光環中可見不同色調的灰色和稻草黃色交織在一起。

能量光環的色彩組合

雖然上面我們討論了能量光環中不同色彩的含義，但是當幾種色彩組合在一起出現時，由不同的能量組合而產生了新的意義。

我外婆在我七歲的時候去世，在她離世前，她的腳部周圍出現了一條條檸檬黃、栗色、洋紅和銀色的痕跡，而她頭部一側的能量光環中有濃鬱的不透明的灰色和黑色的色塊。我當時對單獨一種色彩都還只是一知半解，直到她的離世才讓我醒悟過來，原來不同的色彩組合在能量光環中代表著特別的意義。她死於腦溢血，我的一個阿姨發現她昏倒在臥室的地上。她在去世前一直處於昏迷狀態。可惜的是我當時還太小，大人不讓我去醫院，所以我並沒有機會看到人在臨終前能量光環中會出現什麼顏色，直到好幾年後，我才親眼目睹。

能量光環中的色彩組合千變萬化，我不可能在這本書中窮盡描述。許多色彩組合與各種疾病分別相應，或者與某些生活情境相關，所以我選擇了一些常見組合來做一般性的描述。你只有通過自己的經驗積累才能準確地看懂更複雜少見的色彩組合。

哀悼

哀悼會呈現出檸檬黃色，還有不同色調的灰色，加上籠罩其上的淡粉色與藍色。

我清清楚楚地記得我母親走進門廳，告訴我外婆去世了。多年後我母親跟我說，我聽到這消息後，只是對她笑了笑，又接著玩自己的遊戲，當時她非常吃驚。她說我在成年之前，從未問過任何有關外婆去世的問題，也從不和她就此進行討論。實際上我早就知道外婆要走了，因爲她的能量光環中的顏色在迅速變淡，活力層也不再有能量振動。因此當母親告訴我外婆去世的消息時，我一點也不驚訝。我還記得那天母親的能量光環完全被哀悼的色彩籠罩。

人生過渡期

當一個人處於過渡期的時候，其能量光環中會出現秋天的色調。這一時期各方面都需要安頓下來，生活中可以完成的事情比較少，有的人會感覺自己「停滯」了。這時的能量光環看上去缺乏活力，但實際上這只是因爲處於過渡期而已。

身患絕症

身患絕症的人，能量光環顯示出炭灰色、渾濁的棕色和淡粉色。

我十三歲的時候，見識了死亡的陰影。我的朋友桑德拉的母親病得很重。她的心臟上有個洞，這使得她體弱無力。桑德拉不得不承擔起家務，管理家政，而她的父親則忙於工作，經常不在家。家裡每週的醫藥費用不菲，父親必須努力工作。

桑德拉母親的能量光環引起了我的注意，因爲它幾乎從來不變，在陽光下她的能量光環也不會發光閃耀。健康的能量光環有著清澈的彩色光線，卻從來沒有在桑德拉母親的身上出現。她能量光環中的色彩永遠是單調黯淡的，她也總是悶悶不樂，因爲生命於她而言只有痛苦。她的能量光環中有各種灰色調和渾濁的棕色，其中交織著粉色緞帶一樣的線條，彷彿將痛苦牢牢地縫在光環上。有一天我去桑德拉家，看到她母親灰濛濛的能量光環裡有橘色閃現，當時她正要把幾件洗好的衣服晾

圖 14

下面兩張照片顯示出作者在不同的心識狀態下其能量光環的色彩也完全不同

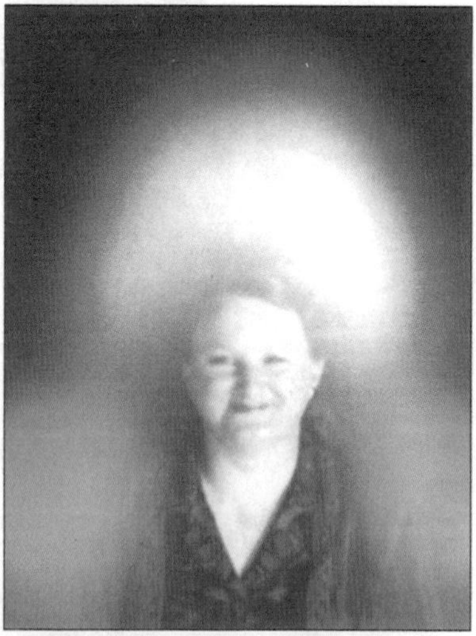

沉思狀態：能量光環顯示出淡藍色、靛藍色和洋紅色，表明作者輕鬆自在，對周圍的事物有敏銳的察覺，心態開放，活力充沛，享受日常生活。

進行治療時：能量光環顯示出洋紅色、橘色和粉色，表明作者正與神聖的療癒力量連結，展現出無條件的愛。

攝影：Aura Vision International（國際光環視覺）

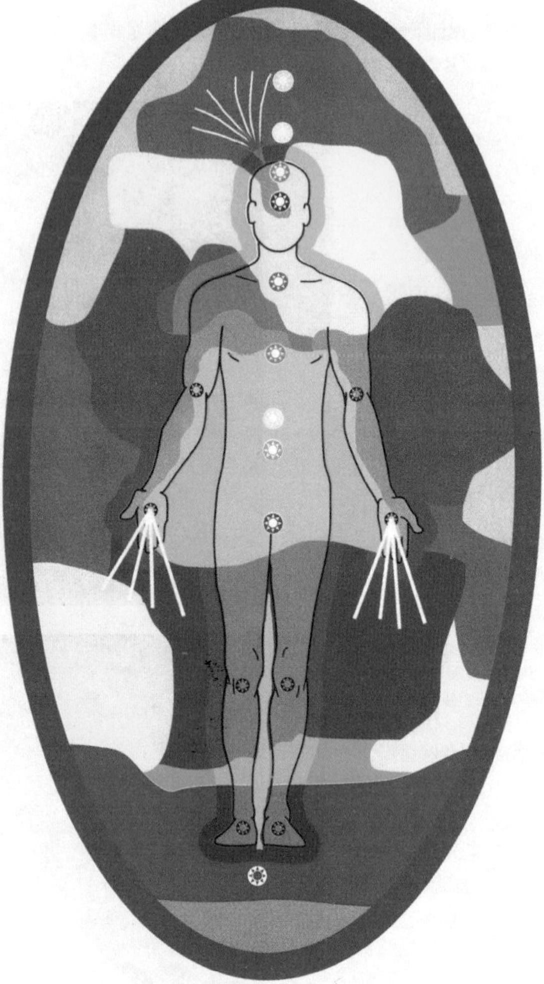

圖 15：能量光環分析一

此人的直覺會幫助他區分什麼樣的事務是生活中必不可少的，什麼是可有可無的，以此來創造嶄新的現實，讓他能順利地開拓事業。個性強勢，有強烈的自我意識，令此人自大自負。其能量光環顯示他需要付出更大的努力，才能培養新的技能，平復持續至今的創傷。這將能給他的生命帶來平衡感。有一位已逝的親人在引導他邁向改變。（更多有關此圖的資訊請參見「能量光環的色彩」）

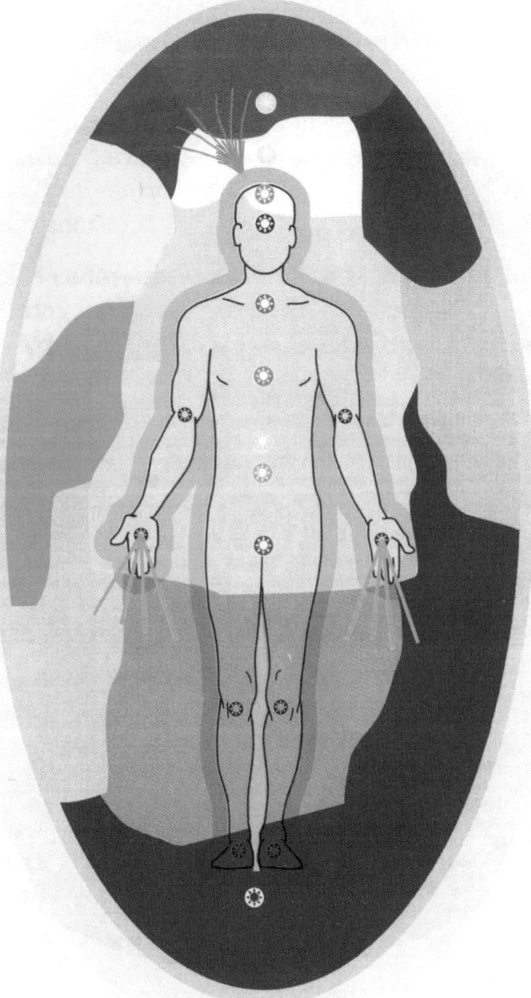

圖 16：能量光環分析二

此人正處於充滿激情的戀愛中，他對情感、直覺和身體的覺受能力越來越敏銳，身體也因此產生了變化。由於以前決斷力薄弱，他缺乏野心。不過，他的能量光環顯示出有好的機遇出現，將會改變他的生活，讓他走出過往的創傷。他還得到來自靈界的幫助，一個在過去生中認識他的靈體讓他的第六感得以增強。（更多有關此圖的資訊請參見「能量光環的色彩」）

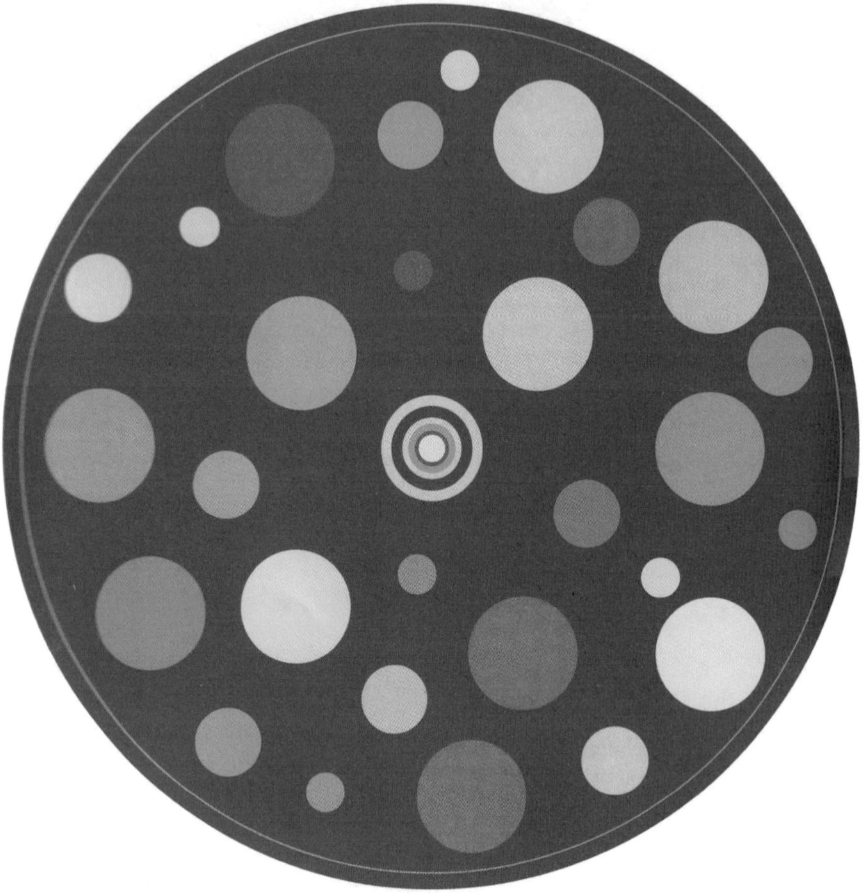

圖 17：激發色彩視覺的練習

將視線集中在彩色圓輪的中心，幾秒鐘後視線轉向彩色圓點，目光繞圈迅速掃視整個輪盤。圓點的色彩和大小各不相同。每天練習兩次，每次三到五分鐘，增強眼睛的視錐細胞和視杆細胞。這項練習可以加強你的能量光環色彩視覺。練習結束後，輕柔地閉上雙眼，讓殘留後像完全消失，重新調整視覺焦點。

到曬衣架上。橘色是動力的顏色，驅動她想要參與生活。可是，就這麼輕微的費力便讓她第二天住進了醫院。在我和桑德拉交朋友的幾年裡，她母親同我說過的話加起來不超過五百字。她總是努力做出微笑，有氣無力地表示歡迎。她不知道她成了我最好的老師之一。

死亡和後世

隨著我對人體能量光環日益清晰的了解，我發現除了疾病之外，還有許多致死的原因，比如孤獨、低自尊、自我犧牲和憤怒等。不過，即將來臨的死亡通常是以洋紅色、銀色和金色的組合出現在能量光環中。

我和桑德拉一起坐火車去雪梨的聖文森特醫院看她的母親。就是在那時我第一次從人體的能量光環中看到死亡是如何一步步逼近的。在她母親的身上與膝蓋齊平處，可以看到一坨坨黑色和灰色。心臟處還是一如既往的淡檸檬色、藍色和黑色，這是心臟病人常見的顏色。洋紅色、灰色和黑色摺疊交織，籠罩了整個能量光環，就像是給屍體塗抹的防腐劑。洋紅色上附著了淡淡的灰色，淡灰色是與靈界溝通的顏色。洋紅色散發出去，遍及整個能量光環，直達外層。以太層霧濛濛的藍色中閃現出神祕的銀色和神聖的金色，隨著時間的推移，黑色調吞噬了她的肉體，而銀色和金色閃現的數量越來越多。我在那時明白了，當靈魂擺脫肉身束縛時，以太層是如何將它帶到不同的意識界，那個我們稱之爲死亡的地方。

自我表達受限

當能量光環中出現髒粉色和灰色的組合時，通常意味著此人有限制甚至阻止自我表達的傾向。

我曾經爲一個二十歲出頭的女孩畫她的能量光環，我當時就向她指出她的戀愛關係在扼殺她的生機。她主動告訴我在過去的兩年裡，她飽受各種過敏症和疾病的困擾。在她的能量光環中，有代表創造力的紅色，但卻包裹在猶疑不定的粉色和自我摧毀的灰色中。代表承諾與事業的髒粉色也被灰色籠罩。然而，紅葡萄酒色卻宛如浴火鳳凰一般在能量光環的外層翱翔，等待時機一飛衝天。我知道只要她能下定決心改變自己的人生，就能煥發光彩，我也對她提了一些建議。

一年後，女孩又來到集會現場，這次我簡直不敢相信自己的眼睛。在我面前出現的是一位神采奕奕、活力充沛的女性。她說自己眞的意識到必須要對人生做出重大改變，現在的她非常快樂，那些疾病也都成爲了歷史。

苦澀的愛情

苦澀的愛在能量光環中表現爲黃色、綠色、淡藍色和炭灰色的顏色組合。愛情的鎖鏈會將我們綁在鞭刑柱上，日復一日地承受鞭笞的懲罰。我們太軟弱，沒有起身離開的勇氣。

有一個中年男子，他的妻子已經出軌了十三年，他跑來讓我畫出他的能量光環。我一眼就看出他的妻子離開了他。我直言道：「你知道你的能量光環很糟糕，對吧？」他聳了聳肩，說：「我就是要看看我有多可憐。」我勸他不要把錢花在沒有意思的事情上，何必呢。他不聽，於是我就畫了。他的能量光環充滿了自欺的黃綠色，裡面參雜了敏感的淡藍色，還有絕望的炭灰色。一團團的髒粉色和杏色表明他對妻兒的摯愛。我爲他痛心，因爲在他的能量光環中找不到任何顯示出改變和進步的色彩。我只能看到漫無盡頭的絕望。最後我建議他去尋求心理諮詢。

孤獨

粉色和芥黃色的組合是孤獨在能量光環中的色彩。

每次新南威爾斯州的「新時代」集會上，我都能看見一個男子的身影。他的光環能量搖曳不定，顯示出他的自尊很低。他幼年時患有可能致命的疾病，阻礙了生長發育，使得他的身材只有十四歲孩子那般。脆弱的粉色，還有芥黃色所具有的操控、執拗的能量，覆蓋了他的能量光環的各個層次，使得他走不出自憐自艾的孤獨。想要擺脫這種自縛的能量模式，他需要提升自尊心。

心理壓力

隨著西方社會中人們的生活節奏日益繁忙，壓力也與日俱增，墨綠色（bottle green）和濁棕色（muddy brown）成爲人體能量光環的主體顏色。這些顏色合在一起顯示出人們因陷於困境而遭受長期的心理壓力。

有一天，我乘坐火車旅行，長途旅行令人疲憊且無聊，爲了打發時間，我玩起了自己設計的遊戲，名字就叫「找出抑鬱者」。讓我驚奇的是，整個車廂裡只有兩個人身上完全沒有壓力的色彩。其他的乘客有的被自己不喜歡的工作壓得喘不過氣來，有的被情感問題弄得心力交瘁，其餘的人則因欠債而憂心忡忡。這次經歷讓我充分意識到，當人無法自由自在地做自己時，心理上會承受多麼大的壓力。

自殺

濁棕色、中灰色（medium grey）、粉色和墨綠色交織成網狀，如同屏風一般隔絕了活力層的生機，讓人無法感受到與世界的連結。這有可能讓人產生自殺傾向。

曾有一個十九歲的少年來讓我畫出他的能量光環。我一下子就看出他目前的生活狀況遏制了他的生機。我又注意到人群裡有一位年長的婦女，和少年很相像，就問他那是不是他母親。聽到他說是的，我舒了口氣。我跟他說他母親應該想知道他的能量光環情況，於是他走過去將他母親帶了過來。

我問母親兒子是否不願意和她交流。母親立刻傾訴起來，說全家人都很擔心他。他自己一個人吃飯，對家人的言行無動於衷，和朋友的來往也越來越少。她還表示她和她丈夫都懷疑兒子是不是嗑藥了。對此我馬上給予否定的回答。

我們三個人一起探討到底是什麼讓這少年鬱鬱寡歡：他離開學校後就一直找不到工作，和女朋友也分手了，沒錢去娛樂，對意氣風發的弟弟嫉妒不已，而且他身材孱弱，一副皮包骨的樣子。經過心理諮詢後，他克服了這段低潮期，如今已經變得心滿意足，過著快樂的人生。

破產

每次我見到破產者的能量光環，我都會想起聖經時期的痲瘋病人，兩者都被社會所遺棄。破產者的能量光環訴說著被遺棄的痛苦。整個能量光環中到處都是糾結在一起的各種色調的灰色、粉色、濁棕色、墨綠色、黑色和芥黃色，就像蔓延攀爬的常春藤，慢慢地將大樹絞殺。

有一次，一位中年婦女耐心地排在隊列中，等待我給她畫光環像。等她排到面前，我從上到下打量她的能量光環，我握著彩色鉛筆的手不禁猶豫起來。她顯然注意到了我的肢體語言，於是向我俯下身來，握住我的手說：「沒事的，裘蒂絲，最壞的我都知道了。」從她頭部到膝蓋部分的能量光環色彩顯示出她已經破產了。我將我所觀察到的告訴她，於是她說她丈夫去世了，留下做生意欠下的一屁股債。他是突然辭世的，沒有爲她做好經濟上的安排。丈夫去世的六個月後，她兒子又在一場摩托車車禍中受了重傷，三週後在醫院去世。七個月的時間裡，她先後失去了丈夫和兒子，失去了房子及收入來源。在五十二歲的年紀，她必須一切重新來過。

她的故事太悲慘了，我細細地察看她的能量光環，在層層顏色的深處發現了濃濃的紅葡萄酒色，正努力掙扎著透向表層。我終於能夠爲她畫出一幅樂觀的光環畫像，有了這樣新生的力量和意志，她必定能夠走出創傷。

欺騙

芥黃色和橄欖綠的組合意味著此人有著欺騙的天性。

我的光環解讀生涯中最令我尷尬的事件發生在雪梨，當時我正在一場盛大的集會上奔走忙碌。有一個很可愛的女性讓我畫了她的能量光環，很明顯，她正愛得發狂，整個光環閃閃發光。她男友看上去比她年長好幾歲，排在她的後面。我看了看他的能量光環，驚得差點倒退三步，連忙迅速畫好，將他帶到我攤位後面隱蔽的地方。他的能量光環中靠近膝蓋的周圍滿是芥黃色和橄欖綠色，錯綜交織，彷彿穿了一條蘇格蘭方格裙。我問他有關生意、工作、借貸各方面的情況，想找出這些代表欺騙的色彩源自何處。這時他女朋友過來了，很抱歉地打招呼說她會在附近等他。等她離開後，這位男士跟我說他家裡有老婆孩子，和這女性是搞婚外情。我真尷尬得不知道朝哪裡看才好。這可憐的人覺得不過是畫個像尋個開心而已，沒想到暴露了他在現實生活中欺騙他人感情的事。

發明家

紅色代表創造力，檸檬黃色代表心的力量，深紅色代表創作的靈感，當這些色彩出現在手部周圍時，表示此人有創造發明的才能。

有一次我在西澳出差，一位女士帶著她的丈夫迫不及待地想要我畫他的光環像，她丈夫滿臉不情願，在妻子的催促下不得不來到我面前。他個子高高的，人很精神，穿著沙灘裝，看著我的眼神好像我是個怪物。我毫不客氣地與他對視，說：「跟我說，你又發明了些什麼？」聽我此言，他身邊的家人都會意地笑起來。他手部的能量光環顯示出鮮艷的紅色、檸檬黃色和深紅色，呈規則的條狀。他聽到我的話後非常吃驚，開始對我之後的每一句話都認眞傾聽。仔細察看他的能量光環後，我發現在現階段他的產品銷量不算好，但長期看來會取得很大的成功。當他離開的時候，我注意到他的步伐無比輕快。

企業家

橘色代表動力，紅色則是創造力，這兩種色彩組合意味著通向成功的企業家之路。

一對三十多歲的夫妻來找我畫能量光環，我拍著手歡呼道：「讓我成爲第一個恭喜你們的人吧！」他們笑了，等我的解釋。他們倆的能量光環都顯示出最近他們賣掉了一切資產，集資創辦新事業。聽到我的講解後，他們開心地親吻我的面頰，那位先生說他們完全是跟著本能感覺做的決定。我成爲了幸運使者，告知他們這個決定將會讓他們發財。

做事主動的人

能量光環中的主導色彩是大片的鹿皮色、橘色和蘋果綠色的組合，說明此人只要決定做一件事，一定會持之以恆。

有一次我帶母親去看家庭醫師，醫師向我交代母親的健康問題，而我卻完全被這位醫師的能量光環迷住了。她的心態穩定，對所有必須做的事情都能夠有條不紊地處理，因此她能夠有效完成每一項決定。做爲醫師，她工作繁忙，但是從她的身上絲毫看不出緊張生活的痕跡。

懷孕

有一天，一位女士站在我面前，萬分緊張地等著我畫出她的能量光環。我還沒動筆，就注意到環繞著她的盆腔部位有淡紫色和粉色在搏動，那是精神平衡和無條件的愛的象徵。我拿起筆來畫她的能量光環，直覺告訴我應該仔細掃描一下她整個身體，就像掃描有無疾患那樣。我全神貫注地察看微細的光彩，最後確定她是懷孕了。當我把這一消息告訴這位女士時，她高興得叫了起來，要我再察看一下。她對我說爲了懷上孩子，她用盡各種醫療手段，努力了整整十四年，得來的只是一次又一次的失望。一次又一次的空歡喜讓她尷尬沮喪，這次她的經期已有兩個月沒來，但她卻沒有信心到醫師那裡去驗證是否懷孕。我只好再次察看她的子宮，確認懷孕。將爲人母的她激動不已，急著去打電話告訴先生這個喜訊，把手袋都忘在我的桌上了。等她興沖沖地回來拿手袋時，我發現她的能量光環生氣勃勃，充滿了新生命的活力。能夠在人們的人生喜事中做一個報喜人，這讓我無比欣慰。

武術大師

我第一眼看到他時，還以爲自己的眼睛出現了幻覺。我從未見過那樣的能量光環——這名男子的手部和腳部射出黃色和銀色的光束。我又從頭到尾細看他的能量光環，試圖找出此種異象的原因。他的整個光環之外包裹著一圈金黃色光線，就像將他裹在閃閃發光的繭中。我又觀察到了代表精神覺知力的銀色和代表心靈力量的黃色，於是我明白他應該是位習武之人。一問之下果然如此，他是位合氣道大師。我至今還記得他那震懾性的內在力量。

那次之後，我漸漸明白幾乎所有獻身於武術的人，身上都有這種色彩組合，只是我再也沒有見到有人有像那位合氣道大師那樣強烈的光環色彩。

療癒師

我曾經遇到過這樣一個男人，他認爲自己的一生就是一場徹底的失敗。他下頷內縮，顴骨高聳，看上去像是泥塑像，不像正常人的模樣。他多次嘗試職業道路，都以失敗告終，讓他覺得自己就是個徹頭徹尾的失敗者。可是，我的看法卻截然相反。他的能量光環中有柔和的杏色，加上蘋果綠色，這些能量讓我知道他天性仁慈，能夠在人們需要的時候給予安慰。他問我有何建議，我就說他有自然療癒的能力。他對自己毫無信心，所以一聽到我的話就連連搖頭。不過，跟他一起來的朋友卻認爲我說得有理，還講述了曾經發生過的一件事，說當時有他在場是莫大的幫助。

多年後，我又見到了這名男子。他已經成了療癒師，身邊擠滿了熱情的聽眾，聽他演講療癒方法。他眞的找到了此生的事業。

天生靈媒

我已經記不得有多少人來到我面前，要我確認他們有靈媒的能力。其中大多數都是臆想，但如果是眞正的靈媒，他們的頭部周圍會出現紫羅蘭色和銀色的光線。

我記得有一次我和一群女大學生見面，女孩們吵吵嚷嚷，搶著要第一個與我交談。其中有一個害羞的女孩，躲在人群後面。我站起來，手指點向這個不起眼的小個子女孩。她走到眾人前面，我跟她講起她小時候有想象中的朋友，而且直到現在她也一直做清明夢，她還有預知的能力。其他女生都不願相信她有這麼高的能力。我畫出她的能量光環，其中的紫羅蘭色和銀色代表著最高的靈性覺知和與靈界溝通的能力，大家看得連眼都不眨。我建議她去靈性教會尋求指導，不要讓自己的天賦受到汙染，更不要被眼下流行的所謂「新時代」運動胡亂利用，誤入歧途。她應該讓這能力自然發展成熟，可以造福人類。

鼓動者

善於激勵的橘色、敏感的淡藍色、有著清晰願景的深紅色，這幾種顏色的組合表明此人善於鼓動、激勵他人。

有一個十七歲的年輕人來找我，他活力充沛，卻很迷惘。在他這個年齡階段，人很難知道自己要走怎樣的人生道路，所以他來尋求我的幫助。他在學校的成績屬於中下，這讓他頗為躊躇，不知道憑著有限的技能如何安身立命。我一邊聽他滔滔不絕地講著自己的情況，一邊畫著他的能量光環。我臉上的忍俊不禁終於讓他停了下來，問我在笑什麼。從他的肩頭到他的膝蓋，到處彌漫著富有鼓動力量的色彩。這個年輕人絕對能在廣告行業一戰成功。

靈性事業

與靈性事業有關的人的整個能量光環都籠罩著淡藍色和紫羅蘭色，其中星星點點地透射出鮭魚粉色和茜草紅色。他們的頭頂可以看到有銀色的光線向上閃耀。

有一位穿著普通的婦女，素顏的皮膚毫無光彩，她面帶微笑，靜靜地等候在隊伍中等我畫她的能量光環。當她來到我面前時，我冒昧地問她：「我可以稱呼您修女嗎？」她很吃驚，但依舊溫柔地點了點頭。她身上能量光環的色彩讓我回憶起自己十幾歲時離家住校，那時我常常看到修女們做善事，施食給窮人和無家可歸的人。

聖禮

當一個基督教孩子領受聖禮時，銀色的光線從他們的靈魂輪中射出，圍繞在頭部周圍，點點紫羅蘭色夾雜其中。這些孩子會以宗教或哲學的途徑來繼續追尋靈性覺悟。

大人若是能看到這些孩子的能量光環，必定會大吃一驚，尤其是在家裡時孩子們往往對宗教不以爲然。我只能說聖禮這一強大的宗教儀式會大大地激發身心靈的連結。

能量光環中色彩的位置

雖然能量光環中的各個色彩如同流動的彩雲一般，彼此交融，但是，如果要眞正看懂能量光環，就必須了解各種色彩及色彩組合在各個光環層中的位置代表了什麼含義。色彩在光環中迅速移動，出現在不同的位置，揭示了不同的性格和命運。下面我將逐一描述。

後腦（因果輪及靈性來源）

如果彩色光線在後腦部位出現，代表此人與指導靈有接觸。具體顏色顯示了所受指導的屬性。只有在指導靈發生變化時，顏色才會變化。皇家藍色表示指導靈是一位死去的親屬，深綠色則表明指導靈是在過去生認識你的人。

有一次我在阿德雷德工作，一群中年婦女來找我畫能量光環。她們一個接一個地讓我畫，每一個人都對結果很滿意。當畫到最後一位時，我發現她的外層能量光環一直在變化。我定睛細看她的光環層外層，看到她的一位去世的親屬出現，然後第二位又出現了，接著是第三個。三名已逝的親屬一一登場。我把自己觀察到的告訴那名婦女，她痛哭流涕。她說她姐姐和兩個外甥都在最近的一場車禍中去世。我可以確定他們都出現在她的能量光環中了，也告訴她他們都很好。

頭部

頭部周圍出現的色彩顯示出人們在關注些什麼，受到哪些啓發，有什麼樣的反應，以及基本的思考過程。頭部的任何一側出現紅色，說明此人剛剛被激怒過；黃色則說明正在努力思考。

因爲人的思想複雜，各種心念所發出的振動頻率不同，所以頭部周圍很少會只有一種顏色。有時候顏色變化很快，思想活躍時，每五分鐘就可能變化一次；有時候又會半個小時也不發生變化，這取決於人們的心思專注在什麼東西上面。當一個人致力於寫一本書，或作曲、做一項深入研究等，頭部周圍的色彩有可能幾週的時間都不會變化，因爲他們的思緒一直縈繞在同一件事物上。

有一次我在雪梨的一場大集會上工作，遇到了一名男子。我建議他先到別處轉轉，半個小時後再來我的攤位，因爲他需要讓能量光環冷靜下來。從能量光環的色彩可以明顯看出他一下班就急急忙忙趕過來，路上還和人起了爭執。等他心情平復後，我就能夠好好觀察他心中的思慮，給他有用的建議。

肩膀

如果一個人覺得生活的擔子太重，肩頭會出現焦糖色，表明他們對未來的擔憂。當一個人興奮不已的時候，肩頭也會出現顏色，不過在這種情況下出現的是紅色。肩膀部位的顏色通常很固定，會維持兩週之久。

手臂

手臂是心的僕人，心有所思，身隨之動，你的手臂揭示了當下你正在忙些什麼，是如何調整眞實自我，與家人、朋友及外部世界互動。手臂周圍若出現紅葡萄酒色，說明你正在努力克服逆境。淡粉色，表明你在戀愛中。手臂周圍的顏色大致會保持一到六週不變。

手部

手部周圍的色彩不僅能顯示出你是如何表達自己的，還反映出你擁有的才華和能力。如果一個人的胳膊周圍有橘色，手部有紅色，我就知道此人一定有企業家的才能，能夠成功創業。

在布里斯本的一次工作中，我肯定了一位才華橫溢的年輕女孩的職業選擇，她想從事表演事業，我從她的手部看到了淡藍色和紅色。能夠幫助她下定決心，我感到非常高興。

有一位年近六旬的男士，他的雙手部位讓我很困惑。從他的手部看，他應該有療癒的才能，可是他能量光環的其他部分都顯示出他從事著普通的體力工作。他告訴我說他來自西班牙，本來是醫療從業人員，但來到澳洲後，他的醫療資格得不到承認，只能做工人了。

和自我表達有關的色彩會每隔一到四週發生變化，但表示才能的色彩會持續多年不變。

手臂下方

我解讀人體能量光環的時候，最先察看的地方就是手臂下方。這一部位表明你前進的方向。這個部位最集中地體現出你的心念和打算採取的行動。此處的色彩通常都與情緒有關，比如淡藍色或粉色，也和驅動力有關，比如橘色或紅色調。手臂下方的色彩通常會以三週到四個月的頻率發生變化。

有一位婦女剛剛擺脫家暴她的丈夫，她身體虛弱，對未來惴惴不安。然而，我在她的手臂下方觀察到了紅葡萄酒色，所以我知道她必定會如同浴火重生的鳳凰一般，堅定地全力飛向新的生命旅程。

臀部

沿著臀部的能量光環的色彩展示了你與現實的連結和前進的決心。上面說的那位婦女，在她的臀部周圍有金鳳花黃色出現，表明她渴望改變人生，沒有什麼能夠動搖這一決心。要是我在這個部位看到了炭灰色，那就是她覺得自己無可救藥了。

能量光環的顯示與人的情緒、思想和行動相關，臀部周圍的色彩變化緩慢，大概需要一到六個月才會發生變化。

腿部

腿部周圍的色彩顯示了我們是否朝著目標和使命前進，前進的步伐有多快。生赭色表明你裹足不前；皇家藍色表明幾個月後你就洩氣了；而暗紅色、琥珀色、髒粉色和葡萄紫色則說明你已經做好了心理準備，會一往無前。

在這個部位體現人生使命的色彩通常會保持幾個月的時間不變。

腳部

腳部是我在解讀人體能量光環時第二個要看的部位，觀察此處可以了解在過去的六個月裡此人的精神狀態是消極還是積極，還可以預測在未來的六個月內其精神狀態是否會發生變化。腳部周圍的色彩通常在四到六個月內都可以維持不變。

墨綠色表明此人因爲心理壓力很難有任何進展，而洋紅色則表明他即將獲得機遇。

色彩障礙

許多人都有色彩障礙，這會阻礙我們感受色彩以及光環的能量和性質，限制我們理解其眞實的含義。大多數的色彩障礙都來自我們過去的情感遭遇。比如說，你小時候曾經在公車站被一個陌生人驚嚇過，而那裡正好有墨綠色的椅子和黃黑色的站牌，於是你從此在潛意識中將這些色彩與驚嚇聯繫在一起。每當你在某人的能量光環中感受到這些色彩，你就會有緊張、害怕、退縮，甚至憤怒等負面情緒。

在很多年裡，我唯一不喜歡的顏色就是水綠色，每次在別人的能量光環中看到這個顏色，就會讓我感到沮喪和受困。我一直不知道原因，我在青春期時的行爲曾給父母造成了傷害，這讓我產生了一些心理問題，從而進行了心理諮詢，直到那時我才明白爲什麼自己不喜歡水綠色。當年我每次感到痛苦，無處逃遁的時候，都會跑到我家院子裡坐著生悶氣，那裡有四扇淺水綠色的門。我那混亂的叛逆期雖短，卻留下了色彩障礙，那幾扇門成了我如同困獸般的青春期的標誌。

認出色彩障礙

因爲我的這段自省經歷，每當人們說起他們討厭某種顏色時都會讓我留心。眞正讓我們不適的並不是那個顏色，而是與顏色有關的潛意識中的記憶。

我的一位親密好友對橘色有障礙。在深入冥思中，她憶起她母親的廚房，那裡雖然有各種顏色，但主導色是橘色。她的母親深受創傷與抑鬱的困擾，最後自我了斷了生命。所以在我朋友的成長歲月中，下意識地將橘色與母親的自殺聯繫起來。一旦她明白了這一點，橘色立刻從與創傷的聯繫中解脫出來。

有一位母親來找我諮詢她八歲孩子的行爲問題，這孩子變得有攻擊性和暴力行爲。我讓那位母親描述一下家庭背景，還有孩子臥室的顏色、玩具的顏色。我很快就推斷紅色是觸發孩子情緒失控的原因。這位母親講起孩子四歲的時候，有一天睡午覺醒來，發現他的生母躺在血泊中，割腕自殺了。現在的家庭是領養家庭，孩子對養父母和心理諮詢的反應都很良好，只是他的行爲會突如其來地失控。我建議把他的臥室漆成淡綠色，移除所有的紅色物品。後來他的養母回報說，只是做了這樣小小的調整，孩子的行爲問題一夜之間就消失了。

人們會因爲自己的生活經歷而對某個色彩產生厭憎，這是多麼奇異啊。弄明白色彩障礙背後的原因，不僅能夠使我們更準確地看懂能量光環，還能夠促進我們在情感上成熟。還有，要切記的是，無論單色色盲還是多色色盲，都不會制約我們看懂人體光環的能力。色盲也不屬於色彩障礙的範疇，只是視覺障礙，通過運用其他感知力可以很容易地克服色盲障礙，順利解讀能量光環。

下面這項練習可以幫助你了解自己的色彩思維及表達。閱讀這段描述，將自動出現在你心頭的色彩塡寫在空白處。

我沿著一條＿＿＿＿的磚鋪小路走進一片＿＿＿＿的茂密樹林。空氣清新，陽光透過＿＿＿＿的樹梢斑駁地灑落在林間。小路的分岔口樹立著一座＿＿＿＿的雕塑，上面的牌子寫著：「前方是＿＿＿＿的療癒之光。左邊是＿＿＿＿的自我原諒之光。右邊是＿＿＿＿的勇氣之光。你的身後，是已經逝去的一切。」我站在路口踟躕徘徊，無法決定到底走上哪一條岔路。正在此時，一隻巨大的＿＿＿＿老鷹飛過我的頭頂。我望向＿＿＿＿的天空，天上有朵朵＿＿＿＿的雲彩，我突然有一種自由的感覺。這自在的旅程讓我感覺到＿＿＿＿的寧靜。我體驗到超越一切，我的靈魂彷彿在歡呼。一陣＿＿＿＿的霧氣向我飄來，很快我就感覺到霧氣中充滿了愛，我的心無比放鬆。我的心跳平靜而穩定，我的直覺變得廣闊。在我的心中充滿了＿＿＿＿、＿＿＿＿和＿＿＿＿的色彩。生命的律動流淌在我的每一條血管中，將我從過往的一切束縛中解脫出來。一束＿＿＿＿的光線穿透了我的身體，與我的靈魂相連。在恩寵中，我獲得重生，成爲一個＿＿＿＿生命體。

確定你的色彩障礙

完成下面的練習，確定你是否有一種或多種色彩障礙。

1. 在你非常不喜歡的顏色前打勾，並列出原因。
2. 回憶你生命中的創傷遭遇，確認是否與你不喜歡的顏色有關，並確定色彩障礙的性質。
3. 繼續做擺脫色彩障礙的練習（頁224—226）。

【　】杏色＿＿＿＿＿＿＿＿

【　】水綠色＿＿＿＿＿＿＿＿

【　】黑色＿＿＿＿＿＿＿＿

【　】藍色＿＿＿＿＿＿＿＿

【　】棕色——

【　】米色——

【　】綠色——

【　】灰色——

【　】栗色——

【　】橘色——

【　】粉色——

【　】紫色——

【　】紅色——

【　】銀色——

【　】白色——

【　】黃色——

下面的兩個練習專爲激發色彩感知而設計，能夠幫助你確認色彩障礙。不過，正如後文所解釋的那樣，想要擺脫根植於意識深處的色彩障礙，你需要在記憶中回到相關事件發生的當時。

感受色彩能量

1. 將六張不同顏色的紙片或布片（無花紋）分別放入六個信封裡，像洗牌一樣打亂信封順序，再將信封放在你面前的桌上。
2. 坐在桌前，放鬆，緩慢而深長地呼吸，讓心寧靜而敏銳。這通常需要五到十分鐘的時間。
3. 閉上雙眼，拿起一個信封，安靜地坐著，將信封捧在手上，感受雙手的電磁波力穿透信封。
4. 在心中浮現出某個色彩，保持一段時間，讓直覺來告訴你這是不是信封內的色彩。

5. 等你的直覺做出判斷後，打開信封，看看結果如何。無論是否準確，都將信封放置一旁。

6. 重複步驟1至5，只需要完成三個信封的色彩感受，這樣你的直覺不至於太疲勞。

7. 休息十分鐘，再次回到練習，完成剩下的三個信封。

8. 盡量多做這項練習，激發你對色彩能量的直覺感受。

與色彩能量連結

我總是鼓勵我的學生多做下面的這項練習，它不僅能讓感覺敏銳，還能激發你探索獨屬於你的色彩感受。這項練習沒有規定時間，不過二十分鐘到半個小時的練習會讓你的感覺系統彷彿重新充電一般，煥然一新。

1. 坐在一個讓你覺得安心的人的對面。
2. 你們二人雙手手掌攤平，一個人手掌在下，另一個人手掌在上，掌心靠在一起。
3. 放鬆，閉上眼睛，注意力轉向自己的感受。
4. 隨著你們放鬆身心，感受對方的能量模式，感覺彼此的呼吸節奏。
5. 探索你感受到的三個顏色，讓它們緩慢地浮現在你的內心。
6. 判斷一下這些色彩的色度：是深色？中等色？還是淺色？你對這些顏色的感受如何？隨著感覺來深入體察你的情緒和覺受。
7. 讓自己深入到練習中，彷彿「漂浮」在其中，這樣能獲得最大的效果。

擺脫色彩障礙

一旦確定了自己的色彩障礙後，你應該繼續考察與之相關的創傷經歷，從而恢復順暢的能量光環視覺和感受。下面這項練習可以幫助你達到目的。

1. 找一個安靜而不會受到打擾的地方，坐在舒適的椅子上。
2. 深長而緩慢地呼吸，讓全身的每一塊肌肉都完全放鬆。
3. 當你感覺身體的緊張消失後，讓自己的心去回憶與色彩相關的創傷經歷。
4. 想象這一色彩擁抱了你的回憶，在安撫著你的回憶。
5. 感覺創傷離去了，回憶變得健康而舒適。

每天練習二十分鐘，你會精通此項練習。

我建議我所有的學生都去美術用品商店購買一整套彩色鉛筆，或是彩色蠟筆，至少七十色以上，讓自己熟悉不同的色彩，培養與色彩合作的經驗。想要準確地看懂能量光環，細辨色彩的能力和豐富的色彩知識是極其重要的，對此無論怎樣強調都不為過。每一個人都需要確定自己的色彩障礙，了解造成障礙的原因，以便最終去除障礙。

5

能量光環與健康

僅有渴望卻無行動只會滋生瘟病，

死人連雪恥也無法做到。

威廉．布萊克

我觀察人體能量光環時，可以看到生命力在其中律動，各種色彩一波一波地振動。呼吸的節奏，血液的脈動，這就是我眼中生命的本質。能量光環清澈明晰，各種顯示健康活力的色彩在其中顯現，這樣的人生活中充滿希望。若我們擁有這樣的能量光環，它宛如鏡中影像一樣反映著健康的生命，請享受這樣的人生。

現代快節奏的城市生活帶來種種壓力，能量光環隨之變得黯淡無光，原本自然活躍的生命彷彿只剩下模糊的影子。上下班高峰時，繁忙的都市街道充滿了形形色色的能量光環，一個個要麼在拚命地擴張，要麼在收縮，都努力吐故納新，想要恢復生機。人們擠上火車、公車，能量光環在車廂內融合，只需片刻的時間，壓力傳遍了所有的人。如果回到家後你仍然心頭充滿緊張，勢必會影響能量光環的更新。

城市的職業人士要學會通過冥想等放鬆身心的練習來解除壓力，否則的話，自我活力會越來越低落，人會渾身不自在，病怏怏的。壓力和疲勞眞的會讓你感覺一身都是病。當身處長期壓力中時，基因上的弱點會爆發，蔓延到身體各處，造成疾病。

身體的疾病會在能量光環中以特定的色彩和形式展現出來，在我們突然受到病毒和細菌攻擊的時候，會立刻展現，而長期積累的身心問題則會慢慢發展變化，最終出現疾病徵象。身體特定部位的脈輪可能會堵塞，阻礙了活力能量在體內的流動。

在療癒過程中，我首先會對病人的能量光環做出基本判定，然後用我的雙手對病人的整個身體做掃描，用「超感觸摸」（extra-sensory touch）來進行診療。我的雙手自然地與病灶處的能量光環連結，做出診斷，然後我就能給出恰當的治療建議。許多病人身患隱疾，或難以確診到底是何疾患，值得欣慰的是，現在有越來越多這樣的病人經由正規醫療人員轉到我這裡，請我進行探察，確定他們的病因。

我的療癒工作範圍遍及世界各地，讓我有機會接觸到各種各樣的人，以及各種各樣的病症，包括絕症和短期症狀。我也得以見識到各種各樣的能量光環形式，包括最苦惱的疾病，最奇怪的症狀。

光環中的疾病信號

黑色印跡

能量光環中出現黑色印跡表明此處是無生氣的「黑洞」，此人的一部分生命已經死去，比如說，心碎可以讓一部分生命死去。也就是說，此人因特別的經歷而使得某些感受麻木。兒童時期遭受過虐待的人、目睹親人朋友被虐殺的難民，和遭遇車禍的倖存者，他們的能量光環中都會顯現出黑色印跡。黑色印跡可以在光環的任何部位出現，沒有特別規律。

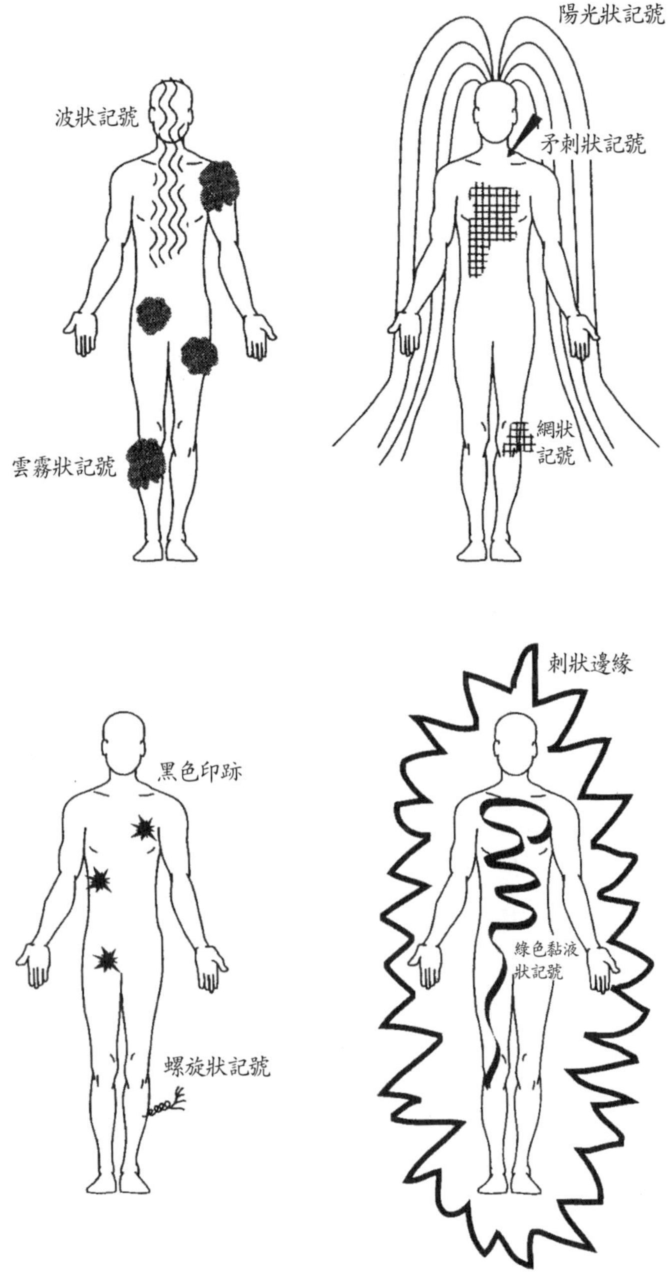

圖 18：出現疾患的能量光環

我記得有一位四十多歲的男士來找我治療肩膀疼痛，之前他到處求醫未果。聽了他的講述後，我仔細地掃描起他的能量光環。他坐在我的對面，正在向我描述自己的工作是如何造成肩痛問題的，我打斷他的話，跟他說他的肋骨上有舊傷，大約是十八年前造成的，問他是如何受傷的。他認真地想了想，說記得自己曾經歷過一次四車對撞的車禍。我幫他處理因車禍遺留的內部瘀傷，他肩部的疼痛立刻好轉了。我注意到他的能量光環中胸部位置仍有黑色的印跡，這應該不是與肩部疼痛同一個病因，而是與其他問題有關。在我的引導下，他承認自己小時候患有失讀症（dyslexic），被同學嘲笑，老師待他也很苛刻。他說：「我刻意地遺忘了自己的童年。」我建議他去進行專門的心理諮詢，幫助自己擺脫情感創傷。

雲霧狀記號

灰色雲霧狀記號標誌著關節退化或漸行性的器官疾病。紅色或栗色的雲霧表明因長期壓抑憤怒而有不適和發炎症狀。有時候憤怒源自於童年時期，病人自己通常都意識不到深藏的原因。

一個年輕女子因久治不癒的喉嚨痛來找我。她的頭部、頸部和肩膀都籠罩著灰色的雲霧。她曾接受過順勢療法，卻沒有效果，我溫柔地試探她的情緒，刺激她反思爲何對治療沒有反應。她終於放下情感鎧甲，失聲痛哭，告訴我她是被領養的，從不知道自己的親身父母是誰。

綠色黏液狀記號

當能量光環中出現黏糊糊的檸檬綠色能量痕跡時，說明這個人藥物成癮，可能在吸食大麻、海洛因，服用心理治療的藥物，或酗酒。

有一個單親媽媽需照料四歲的兒子，這讓她焦頭爛額，疲於應付，於是到我這兒來尋求幫助。她的能量光環中有大量的綠色黏液狀痕跡，於是我問她是否有嗑藥的惡習。聽我描述了她的能量光環的情形後，她整個人都呆了，不知道如何回答我的問題。她想了一會兒才說：「在過去的十四年裡，我一直在吃醫師開的抗憂鬱的藥，沒有用過任何其他藥物。」我本來盤算好了滿肚子的話，準備好好教育她：嗑藥的危害性你懂嗎？一聽她說明原委，我不禁對那不負責任的醫師火冒三丈。於是我盡量謹慎和緩地向她解釋這樣用藥對她能量光環所造成的傷害，她明白了之後也非常憤怒。之後，她在我這裡接受了幾次治療，大大緩解了症狀，她的心理醫師也減少了藥品劑量。

網狀記號

在能量光環中，灰色十字構成的網狀記號會在身體的某些部位出現，抑制自我療癒，這樣的人通常都對自身的健康問題視而不見，希望它們能夠自行消失。老煙槍和酗酒者的能量光環中大多都有灰色的網狀記號。如果是黑色的網狀記號，標誌著更嚴重的健康問題，可能是器官的衰敗。有一名懷孕五個月的婦女到我這裡來治療她右膝的損傷，我催促她趕緊聯繫醫師檢查胎兒的胎心，她大吃一驚。我觀察到黑色網狀記號遍布她整個子宮部位。當天下午她就住院了——她的孩子已不幸胎死腹中。

刺狀邊緣

當一個人害怕的時候，整個能量光環都會被裹在一層迷迷濛濛的淡灰色雲霧中，雲霧邊緣是尖刺狀的。有時候，醫師會將有宗教信仰的病人轉到我這裡來，因爲他們的虔敬心，不免對靈療有種種顧慮和猜測。像這樣的病人一踏進我的診療室，能量光環會在幾分鐘的時間內就罩上一層毛毛刺刺的淡灰色霧氣。

有一位五十出頭的婦女被醫師轉到我這裡，她一直胃痛，X光檢查也查不出是什麼病因。我一邊讀著她的轉診單，一邊用眼角餘光觀察她：她姿態僵硬地坐在椅子上，一動不動，就像雕塑一樣，只有身子微微發顫，一層淡灰色的霧氣顯現，將她整個裹住。很明顯她非常害怕。她的醫師很好心，早已告知我她是虔誠的信徒，可能會對我的治療方式產生牴觸。我引導她閉上眼睛，默誦禱文，與此同時我進行治療。她沉浸在祈禱中，我能夠感受到這給了她無比的安全感。等到胃痛消失時，她吻著我的手說：「基督在這裡與我們同在，我能感覺到祂。」

矛刺狀記號

能量光環中的矛刺狀記號表明此部位正在經受疼痛折磨。我曾見過有人的整個能量光環中遍布矛刺狀記號，多達幾十處，誠屬罕見。這是名男子，他在十九歲的時候遭遇建築事故，撞擊使他的骨架受到了傷害。我永遠記得剛開始爲他治療時，他的能量光環有多糟糕，深紅色和栗色的矛刺狀記號布滿全身各處，這個身體和疼痛緊緊糾纏在一起了。我記得當時我攤開雙手，表示我眞是無從下手啊。他對我大笑，說：「隨便從哪裡開始都行。」

我還注意到偏頭痛患者的頭部周圍總是環繞著這些代表疼痛的矛刺狀記號，同時他們的頸部、腹部和盆腔部位會有雲霧狀痕跡。當我去除掉他們能量光環中的霧氣後，矛刺狀記號也立刻消失了。因此我推斷霧氣繚繞的部位就是偏頭痛的源頭。

黑色矛刺狀記號也會出現在能量光環中，表明有嚴重的疾病。

螺旋狀記號

螺旋狀記號表明有能量外洩，影響了正常的能量流動，引起四肢發冷。循環系統的疾病與能量外洩相關。我治療過不少患有多發性硬化症的病人，隨著病程發展，他們的能量光環都有能量外洩的問題。如果我設法封住了外洩口，修補能量光環，同時又找到病因加以治療，病人四肢發冷的症狀很快就能緩解。

陽光狀記號

這種記號是米色的光線，從頭頂部位如同噴泉一般噴灑而出，整個身體從頭到腳都像沐浴在陽光中一般。當一個人克服了巨大的創傷，或是從重大疾病中痊癒，其能量光環中就會出現陽光狀記號。每次我成功地幫助患者治癒癌症時，就會看到他們的頭頂出現這米色的光之噴泉，爲整個身體帶來新的生氣。

波狀記號

波狀記號是藍灰色的，短短的，通常與抑鬱症、恐慌發作、體液滯留、心絞痛、結腸炎等相關。我發現當出現長期疲勞、多發性硬化、阿茲海默、巴金森氏症等症狀時，波狀記號的長度會變長，延長至全身。

光環診斷的益處

在我看來，能量光環是做出生理和心理診斷的重要因素，通過解讀能量光環，可以對一項疾病的病因做出判斷，甚至首先就能判斷這一疾病是否眞實存在。我先生的妹妹長年患有臀部疼痛的毛病，常規醫療始終不能診斷到底是什麼問題。於是她轉投另類療法，來找我先生保羅，他是位頗受尊重的寶雲療法醫師。他們倆見面後先站在那裡聊了半天，說這毛病到底如何。我正好從他們身邊走過，就插嘴說：「臀部沒問題。看你的能量光環，應該是你這隻腳不對，讓臀部的位置失去平衡。這是從小就有的問題吧？」他妹妹看著我指出的那隻腳，愣愣地想了一會兒，想起小時候這隻腳上的鞋子老是會穿壞，要拿去修理。

有不少前來就診的老年病人患有各種各樣的痛症，常規醫療只能診斷爲身心症。有一位可愛的老婦人，來我這裡看眼睛的毛病。我發現她右臀部位有一個紅色矛刺狀記號，就問她右臂的疼痛是怎麼造成的。她追問我：「我又沒跟你說臂部有問題，你爲什麼說我這裡痛？你眞能看出這裡痛嗎？」原來她因爲右臂疼痛找過家庭醫師，還去看了兩個專家的門診，醫師都說那只是她的心理作用。而我在毫不知情的情況下確定她有這個毛病，可讓她出了一口氣。診療結束後，她回到接待處，對著等在那裡的先生大聲宣告：「醫師說我是眞的痛！」

接下來要講的是我永遠難忘的一次經歷。那是一個三歲男孩的故事，他有著一對大大的棕色眼睛，橄欖色的皮膚。他母親帶他來看我，這孩子日漸羸弱，醫師們卻完全說不出他哪裡出了問題。我觀察了他的能量光環後，發現他有嚴重的血液問題，應該是某種中毒症狀。母親告訴我他們做了各項檢查，都不能夠確定病因。我建議她去找醫師做毒藥物檢驗，不過她的回答也不出我的意料：醫師認爲她過度反應了。於是我又建議她去找自己所住地區之外的醫師，或者乾脆直接到醫院去。在和這位母親說話的過程中，我發現小男孩緊緊抱住媽媽，就像掛在母猴身上的小猴一樣。我問這位母親孩子是不是總是這樣，她說這孩子好像有很強的占有欲，簡直一刻都離不了身。我逐一給她提出建議，她聽得很認眞，然而之後她沒有再來複診過。

大約三年後，我又見到了她，讓我驚喜交加。這次她是陪同生病的朋友來參加我舉行的療癒活動。她走到我面前，不確定我是否還記得她，問道：「您還記得我和我兒子嗎？」我當然記得。我一直記掛著那個男孩，希望他好運，怎麼可能忘記呢。她把我介紹給她那位生病的朋友，對她說：「這位女士是我兒子的救命恩人。」那次見我之後，她認眞遵循了我的建議，不斷催促醫師做檢查，終於查出了中毒的根源。原來她在生孩子之前的幾年做了植入矽膠的豐胸手術。生孩子後，她一直實行母乳餵養，開始的兩年半一切都很順利，但之後的六個月裡，植入的矽膠滲漏進母乳，造成了孩子的中毒，差點釀成悲劇。

有一個叫西爾瓦娜的年輕女子，她的經歷眞可謂是小小的無意之舉，結果卻救了性命。

一九九五年十一月，我在身心靈大會上見到了裘蒂絲。我也不知道自己爲什麼會跑到她那裡去，只是每次經過她的攤位前，我都感覺有什麼力量吸引著我過去。後來我就讓她畫我的能量光環，她跟我說我的生殖器官周圍滿是壓力。我覺得這不太好，就去醫師那裡檢查，結果發現我患了第三期子宮頸癌。這令我難以置信，因爲過去的五年來我每年都做巴氏塗片檢查，每次結果都沒有異常。

經常有人問我：「你眞的看得見能量光環？」我一生中遇到太多次人們提出這種疑問，我都已經習慣了人們的懷疑。而且遇到懷疑主義者是特別有趣的事，我總是喜歡當面驗證，這常常會讓一些埋藏在人們能量光環中的幽深祕密得以顯露，而我會觀察他們的意識和接受度如何在瞬間大大的改變。以下是一個名叫諾姆·威的人講述的自我經歷：

我最近碰到了一些健康問題，裘蒂絲最近正巧在布里斯本，我太太帕特就建議我去找她解讀能量光環，做一個健康分析。我雖然是個懷疑主義者，但思想開放，於是就隨太太的意思去見了裘蒂絲。

見面後沒幾分鐘，裘蒂絲就把我的整個病歷一五一十地說出來了，我頗爲驚奇。她只是看了我的能量光環，就能診斷出我身上的所有毛病，從三十多年前膝蓋的舊傷，到最近的胸腔不適和哮喘。哮喘是因爲在工作中吸入溴甲烷（methyl bromide），殘留體內導致中毒引起的。她還探察出只有我自己知道的心雜音，還有甲狀腺問題。

我的膝蓋有時會疼得要命，醫師卻都跟我說查不出什麼問題。至於胸腔的不適，他們只會給我開泛得林噴霧劑（ventolin puffer）。說到體內殘留的毒氣，他們連信都不信。裘蒂絲不同，她能夠向我提供各種對症的治療建議，我一直在遵照她的指導進行治療。

只要我參加「新時代」的大集會，我都會爲人們現場畫能量光環並做出解讀。有的人樂意讓我畫他們的光環，卻不高興聽到我解讀的話語，幾乎每隔十分鐘左右我就能碰到一個這樣的人。以下是瑞琳·斯萬的陳述，她與我們分享了她的故事，她是如何相信了能量光環傳遞的訊息，因爲那是眞實的訊息。

去年，在布里斯本的「健康與和諧集會」（Body Health and Harmony Show）上，我讓裘蒂絲畫了我的能量光環，在解讀時發現我胸部附近有些異常，裘蒂絲要我留意身體健康信號，說那個部位可能有毛病。我當時笑著說：「不可能的，我家裡的人都是患癌去世的，所以我很當心，從不吸菸，不可能有肺癌！」

幾週後，我呼吸系統出現問題，被轉到查爾斯王子醫院進行檢查，醫師聽到了雜音，是二尖瓣收縮中期的雜音。而我擔心的呼吸問題，只是壓力過大造成的。

能量光環能夠告訴我們許許多多有關自我狀態與健康的資訊，讓我們驚嘆不已。每一年的集會上，我都被熱情的人們圍住，他們希望通過解讀能量光環來提升自我覺知，更加了解自己。有的人會定期來到我這裡，評估健康狀況，了解個人的成長變化。

錯誤診療的傷害

一位中年婦女來到我的診室，情緒極度不安，需要立刻穩定下來。她已經有三個月的時間說不出話來，呼吸急促到危險的程度。我把手放到她的上背部，開始治療，她的身體因害怕而不停抖動，淚水順著雙頰滾滾而下。我仔細檢查她的能量光環，看有沒有遭受過身體虐待或性虐待，結果我發現她有長期的失落與分離傷害。直覺告訴我造成她目前疾患的就是這長時間壓抑的情感損傷。在她的合作下，我打開了她的智力光環體外層，將之與我自己的光環層相連，希望能夠給她帶來安慰和鼓舞。我的能量迅速滲透到她的能量光環的各個層次，療癒深入了她的身體，讓她的情緒釋放出來。我又將手放到她的胸部，治療她喉頭、胸部和腹部的壓力。一系列治療後，這名婦女嚎啕大哭，尖叫聲在診室的走廊裡迴盪，我的員工都愣住了，不曉得我到底在裡面幹了什麼。那位女子坐在那裡，把她的頭伏在我的肩膀上哭了有二十分鐘。她說她的丈夫和別的女人跑了，她孤身一人，遍體鱗傷。此外，她還告訴我她曾尋求過療癒，卻落到無良療癒師手中，備受傷害。

那是在她女兒的懇求下，她參加了一場靈氣療癒的介紹晚會，希望能夠幫助她從傷害中恢復。主辦方的人員選她上去做示範演示，她躺在按摩台上，閉上雙眼，滿心希望能夠像介紹廣告上吹噓的那樣感受到讓人放鬆的能量光線。誰知其中的一名療癒師，大概是想象力太豐富，又完全不知輕重，裝腔作勢地往後大退一步，說：「不得了，你眞是需要好好治一治了。有一條十公尺長的靈力大蟒蛇在你的能量光環裡游來游去，要纏死你呢。要是我們不能制服它，你就沒命了。」她不知道這話該不該信，她不懂療癒，無法判斷。所以當她女兒又帶她來我這裡治療時，她怕得渾身發抖。

她的病因不是什麼胡謅的大蛇，而是太多痛苦的經歷。她四歲的時候，父母因車禍雙雙離世。她由對她寵愛有加的祖母帶大，然而祖母在她十二歲的時候去世。她又被交到了姨媽手中。在她十八歲生日的兩天後，姨媽死於腸癌。幸運的是她很快找到了愛人，結婚成家。誰知二十五年後，丈夫和她從小到大的閨蜜私奔了。她終於受夠了，身體做出了反應，完全關閉起來，苟延殘喘。

如果那名療癒師眞的能夠看懂她的能量光環，絕不會說出那樣的胡言亂語，讓病人遭受巨大傷害，也讓靈氣療癒蒙羞。

以雙手靈力進行能量光環診療

還有一種探察能量光環健康狀況的方法是通過雙手來診療。療癒師將雙手置於離患者體表八公分的距離，逐一掃描身體的各個部位，感受不同部位的溫度，確定其是否過於活躍或不夠活躍。通過這種方式，療癒師可以診斷出身體器官是否有運行不良、堵塞和炎症。而且，如果療癒師對病人充滿仁慈之心，他們的能量光環可以很快融合，讓療癒的能量從療癒師那裡傳遞到患者身上。如此一來，療癒師雙手的靈力被激發，能量會穿透病患的生理層，雙方都感覺彷彿在施行手術。直到四十八小時之後，從患者的生理光環體中仍能觀察到療癒在持續發生。

我個人一直使用雙手靈力掃描技術來對我在能量光環中觀察到的現象進行確認，另外，對於尚未在能量光環中展現出來的初期病兆，也能通過靈力掃描來及早發現。觀測能量光環，再加上雙手靈力掃描，這兩者結合能確保診斷的精確度。

團體治療

我的治療行程非常緊湊，因此每次到外地或大城市去出差，我都會組織進行團體治療，讓一大群人同時受益於我的療癒能力，這和一對一的診治效果同樣地好。通常會有五十到一百人參加這樣的團體治療，大家彼此緊靠著坐在一起，緊鄰的人互相手牽手，這樣所有人的能量光環會在三分鐘內順利地融合成一個集體能量光環。接著我會將自己的狀態調整到與神聖的療癒力量契合，再將我的手逐一放在每個人的頭頂，讓療癒的能量光束傳遍整個團體的能量光環。這種體驗非常美妙，每次都讓參與者讚嘆不已，也鼓舞我再接再厲。

下面這段文字是從《裘蒂絲·柯林斯九五年春季期刊》（Spring '95 edition of Judith Collins Newsletter）上的一篇報導中節選出來的，報道的作者是艾琳·菲普斯（Irene Phipps），描述了團體治療的益處。

> 在療癒過程中，裘蒂絲將雙手放在楚迪的肩頭，楚迪立刻感受到一股能量流，她長期的背痛緩解了。背痛的消失讓她無比驚喜，療癒的體驗也讓她難以忘懷，之後她再次找到裘蒂絲要求治療。
>
> 那個晚上，楚迪的朋友同樣感受到了強大的療癒能量，她的膝蓋痛很久了，醫師診斷後說需要進行手術。在那晚的治療後，疼痛消失了，去醫師那裡檢查時，發現膝蓋的損傷已經無影無蹤，手術也沒有必要了。

能量光環診斷對常規醫療診斷的幫助

有一次我在西澳出差，遇見一位女士，她被診斷出患有糖尿病，在接受治療。她一直感覺疼痛，也很害怕糖尿病帶來的長期後果，於是就來尋求我的幫助。讓我驚訝的是，我沒有在她身上發現任何糖尿病的跡象，反倒是她的肝臟有問題，影響了其他的器官。在對她進行治療後，我爲她列出了一系列問題，讓她回去追問自己的醫師。

那天晚上，我回到旅館，久久思索著這次治療，不知道還有多少人同樣因誤診而接受著錯誤的治療。我的病人中有許多患有癌症、長期疲勞、多發性硬化症及其他各種各樣的的慢性病，有太多的人向我敘述他們在長達一兩年的時間裡得不到正確的診斷，在忍受病痛和不適之外，還要經歷無數令人筋疲力盡的檢查。

有一名中年男子患有骨癌，他懷著最後的希望到我這裡。他已經經受了酷刑般的放射治療，完全明白這種疾病的嚴重性。當我第一次對他進行治療時，我的手接觸到他的生理層和以太層，立刻感受到了他的疼痛和恐懼。從他的能量光環顯示出癌症的主要源頭並沒有被醫師找到，也沒有及時的對治。經過詢問，他肯定了我的判斷。我仔細察看他的能量光環，在病源處進行治療。之後我給他的醫師畫了一張圖表，他們糾正了治療方案。

若問我是否就此對常規醫療失望，我的回答是否定的。但我大膽進言，如果能夠善用能量光環診斷，那診斷過程能夠大大加快，結果也會精確許多。

一位二十歲的年輕人，看上去健康、強壯，他來到我這裡治療腦瘤。腦瘤已經發展到影響了他的視力，有時還會影響他說話的能力。他是個聰明的大學生，風華正茂的年紀，前途無量，絕對不願接受死亡的來臨，儘管腦瘤日益惡化，他的能量光環中已顯示出渾濁的灰色雲霧和栗色及黑色的矛刺狀記號。我願意與他一起迎擊疾病的挑戰。在經過四次治療後，我發現腫瘤附近的能量光環區域顯示出灰色的斑點，這表明腫瘤在衰弱。我激動萬分，立刻將這一發現告訴了他。腫瘤正在消亡。現在只是時間問題，他一定會戰勝疾病。幾個月後，他父親前來感謝我，他說醫學影像顯示他兒子的腦瘤已經全部消失。

幸運的是，越來越多在護理行業工作的人員開始意識到，相比較常規醫療手段，自然、直覺性的另類療法也非常重要。我給許多澳洲的護理師和個體護理人員做過培訓，教他們看到並感受能量光環，學習並運用光環診斷技術和靈療能力。另外，值得欣慰的是常規健康從業者也開始向新的領域敞開心胸。一九九四年，墨爾本的布朗溫．紐貝克（Bronwyn Neubecker）醫師（擁有牙科學士學位）在諮詢我之後，寫下了這樣的文字：

> 科學結論認爲人類只運用了大腦的百分之十，您的卓越天賦表明，有些人眞的與眾不同，可以讓超過百分之十的大腦運行起來。要是科學

能夠更加進步，也能利用在您這裡輕而易舉就能運用的能力，那將對無論是身體還是心理疾病的診斷產生巨大的幫助。在健康和醫療領域採取更兼容開放的態度，對疾病的診斷和治療是非常有益的。

我認爲沒有理由不審愼地採用另類治療手段，使之與主流醫療一起發揮作用。如果我們不公平地將主流或另類療法中的任何一個完全排斥在外，最終蒙受損失的是病患。

如今越來越多人站出來反對環境汙染，反對世界各地由戰爭、饑荒所造成的痛苦，對自然資源的集體意識已經蔚然成風。自然療法應該是走在這一趨勢的最前端。我眞誠地相信，終有一天常規療法與自然療法會攜手共進，因爲無論何種療法都同意良醫應治未病之先。

每當我被召喚到醫院幫助治療病人時，我都發現醫院的醫師和工作人員的態度客氣有禮，儘管我不能說所有人都有開放的思想。在我看來，我認爲他們的知識廣博，自己只是起輔助作用，與醫療人員合作來幫助患者。

我的一名病人的先生在參加他們當地慶祝澳洲國慶節的遊行活動中昏倒了，送到醫院檢查後，醫師說他的情況很嚴重，將他送入加護病房持續觀察。他一直處於昏迷中，使得醫師無法進一步進行診斷和治療。

於是我的病人邀請我去病房治療她的先生。我一走進加護病房，就感覺到所有醫療人員的目光都集中到我身上，他們知道我是來做什麼的，都聚集到我周圍觀看。我先察看了病人能量光環生理層所顯示的損害，然後將我的觀察解釋給家屬和醫療人員聽。病人的腦部有血塊，我把雙手放在他的頭部，進行治療。他的星體層顯示出他不願意甦醒，害怕自己會半身不遂。我向大家解釋了他的顧慮，然後著手平息能量光環中不安的情緒。完成整個診療後，我宣布病人應該在幾小時後恢復意識。他果然甦醒過來，問身邊的人：「那位長頭髮的金髮醫師在哪裡？」他問的是我，因爲他的以太層潛意識記住了幫他治療的人，等他醒過來後這段記憶從潛意識中浮現。

在光環中可見的療癒效果

多年來，我通過觀察人們的能量光環，指引他們尋求合適的治療途徑，用這樣簡單明瞭的方式幫助了許多人。在我的療癒生涯中，我有機會親眼目睹無數病例，見證了以觀察能量光環爲指引，合理利用各種醫療手段和自然療癒方法，能夠有效作用於人體。我也能夠看到這些治療方式有的很快起效，有的卻沒有多大效果。還有不同的人會對不同的自然療法起反應。讓情況變得更複雜的是，你可能患有三種病症，其中一種對針灸有反應，另一種需要用草藥來治療，最後一種則依賴順勢療法。所以經常會有病人來我這裡，詢問對他們的病症而言什麼才是最合適的治療方式。

下面的這些自然療法和醫療手段，在能量光環診斷的指導下組合運用，可以有效地治癒許多疾病。

針灸

針灸被認爲是世上最古老的醫療體系，早在基督誕生之前就有了。針灸是由耶穌會傳教士於十七世紀從中國傳到西方的。人體內有精微的能量沿十四條路徑清晰的通道流注，這能量被稱爲「氣」，通道爲「經脈」。用細針刺入經脈上特定的點，可以調節體內能量在各經脈和脈輪處的流動，以此來幫助肉體及能量光環恢復健康。拔針後很長的一段時間裡，脈輪和經脈處仍顯示出持續的治療效果。我發現針灸對中風患者的療效尤佳，因爲針灸使得能量光環活力層恢復平衡，幫助患者恢復健康。

我母親曾經有過一次小中風，致使部分身體偏癱。醫師給她開了理療，但沒有見效。我父親建議她嘗試脊骨神經醫學（Chiropractic），同樣毫無起色。等我從外地巡迴演講回來，檢查了她的能量光環，斷定針灸治療才是關鍵。短短八次針灸後，我母親痊癒了。

澳洲花精（Australian Bush Flower Essences）

花精做為順勢療法在身心靈的療癒中起到不可缺失的作用。常規醫療手段雖然能夠在大多數情況下治標，但卻不一定能夠治本。更有甚者，治療所產生的副作用會在能量光環中滯留多年，堵塞身體系統，使器官羸弱，尤其不利於胰腺、肝臟和腎臟。幾年前，我先生和我的一個朋友一起參加了「澳洲花精順勢療法」。等他們學成歸來，兩個人都對新療法激動不已，興奮之情溢於言表。我從他們的能量光環可以看出，這兩人是眞的學到了奇妙的新知識。他們迫不及待地將一瓶瓶治療花精從包裝裡拿出，我看到瓶子內外都散發著活躍的能量，不禁也爲之著迷。

不久之後，就像命中注定一樣，這些花精的創造者伊恩・懷特（Ian White）遠道而來，到我這裡接受靈療。我們談了一會兒有關他工作方面的事情，在這期間我們的能量光環顯示出彼此間的互相敬重，預示著長期的友誼。

我很快就意識到這些花精對能量光環有益，對我的療癒工作也很有助益。所以我診療室的藥櫃上很快就擺滿了一瓶瓶的花精。雖然我沒有參加過伊恩的課程，但我經常使用花精。我選擇花精的方法很簡單，先看一看病人的能量光環，然後用左手的靈力掃描藥櫃上的花精，找到與病人的能量相匹配的那瓶。伊恩覺得這個方式很有意思，因爲每次我挑選的花精也正是他會向病患推薦的，而且對有些花精，我還能向他提出更多潛在的療癒功效。

在治療過程中，我經常會配合使用下列花精，它們對人體能量光環有很強的作用。

「專注力花精」（Cognis essence）

這款花精可以平衡生理層和智力光環內層的能量，調節身心，獲得更強的專注力。

我侄女在備考高中畢業考時，被繁重的學業壓得苦不堪言。我發現她的智力光環體內層能量失衡，而這款花精在她身上起到了神奇的效果。現在我會對所有面臨考試，背負巨大壓力的學生推薦「專注力花精」。

「自信花精」（Confid essence）

這款花精作用在星體層和智力光環體內層，使二者融合，達到思想和情緒的平衡，獲得自信自尊。

一名患有語言障礙的年輕人前來尋求我的幫助，他在面試中很難表達自己，已經有幾年的時間沒有找到工作，自信心非常低落。我主要治療了他的恐慌症發作，並建議他使用「自信花精」，有助於他克服焦慮情緒。在進行下一個面試前的幾小時，他用了幾次「自信花精」，果然順利完成了面試，整個過程中沒有因緊張而手足無措。雖然最後他並未獲得這份工作，但在重獲自信的道路上邁出了堅實的一步。

「活力花精」（Dynamis essence）

這款花精作用於活力層，能夠刺激和擴展活力層，讓使用者感覺煥然一新。對患有慢性疲勞症的人很有幫助，使其能順利完成日常工作。

「急救花精」（Emergency essence）

我的手袋裡永遠放著這款救急的花精，它能夠刺激生理光環層，讓身體能夠和以太層協調一致，從空氣中沾染的病菌病毒在感染人體之前，很快就會被消除。所以每當我因長時間的緊張工作而疲勞，出現喉嚨痛、鼻塞、頭痛等症狀的時候，我會立刻滴幾滴「急救花精」在舌下，便能化險爲夷，安然無恙。

「心聲花精」（heartsong essence）

這款花精可以調和生理層、活力層和星體層的能量，鼓勵更好的自我表達。

一位中年婦女，苦於被家庭事務所困，在我的建議下服用了「心聲花精」。幾天後，她反饋說，她向家人傾訴了內心的感受，覺得整個人都振奮起來，決定開發自己的創造才能。她開始學習製陶，還參加了歌唱班。我毫不懷疑她的生命力已經重新煥發。

「冥想花精」（Meditation essence）

這款花精能平衡智力光環體內層，使之能更好地接受透過智力光環外層的靈性能量。我會給我治療的慢性病患者推薦這款「冥想花精」，因爲想要治癒慢性病，首先必須學會放鬆和放下。

「關係花精」（Relationship essence）

這款花精作用於能量光環中的情緒結節，幫助緩解人們在無交流的關係中的徒勞掙扎，建立一定程度的和諧溝通。一名女子在第二段的婚姻生活中遭遇到了與第一次婚姻一模一樣的困境。在她和她丈夫使用「關係花精」幾週後，我發現他們的星體層和活力層都放鬆了，能量開始流動起來。這對夫婦自己也說感受到了同樣的變化。

「太陽花精」（Solaris essence）

這款花精能夠激發能量光環的電磁能量場，識別和篩選可能對身體造成損害的外來能量粒子，如伽馬射線、微波和X光射線等。它可以將過去積累的日照傷害疏解到皮膚表層，進行治癒。一名年輕女子因癌症接受放療，同時使用「太陽花精」來幫助克服放療的副作用。服用花精幾天後，皮膚上就出現了她五歲那年穿比基尼泳衣時遭受的晒傷痕跡。

「旅行花精」（Travel essence）

這款花精能平衡和強化能量光環中所有層次的能量，緩解旅途不適和眩暈症。

我非常喜歡這款花精，當我長途飛行至英國或美國時，它可以舒緩時差反應。

我弟弟和弟媳準備從澳洲飛到英國探望我的時候，就在我的建議下服用「旅行花精」。在希思洛機場，一群疲憊不堪、形同僵屍般走出機場的乘客中，唯獨他們倆神采奕奕，迫不及待地要去四處逛逛。

寶雲療法

寶雲療法恐怕是自然療法中最讓我讚嘆的。它最早是由維多利亞州吉朗市（Geelong, Victoria）已故的湯姆·寶雲（Tom Bowen）創建的，如今已在全世界廣泛教授。寶雲治療師會柔和地觸摸身體軟組織，促進身體能量的流動，激發人體的自癒功能。一個簡單的手勢就能觸發波及全身的能量變化。僵硬的脖子能在幾分鐘內得到緩解，痛經症狀也能迅速好轉。像網球肘、五十肩等症狀都能夠以寶雲療法有效治療。施行寶雲療法時的神奇功效可以在能量光環中明顯觀察到，代表衰弱的能量形式眼看著變淡，隨即就消失無蹤。

順勢療法

這是一種調動身體自身豐富的儲備來達到自癒的療法，其理論根據與現行的醫學實踐不一樣，有點像是「以毒攻毒」。一種物質如果大劑量地使用，會造成某種病症，如果以微小計量來使用該物質，反而能治療相同病症。比如盾葉鬼臼（May Apple），如果大量食用會導致嚴重的惡臭腹瀉，但是在順勢療法中，盾葉鬼臼所含的鬼臼素（Podophyllum）可以用來治療腹瀉。

順勢療法使用充能機（potentising machine）來獲得極小劑量的物質，劑量之小以至於在製成的藥劑中連該物質的一個分子都偵測不到。充能是一個振蕩與稀釋的過程，在此過程中物質的能量被釋放出來。製成後的藥劑無味，在大多數情況下，患者只要滴幾滴在舌下就能立刻感受到效果。

十五年前，我曾經到雪梨知名的順勢療法治療師阿蘭·瓊斯（Alan Jones）那裡去治療我的煙霧過敏症。這一病症不僅讓我呼吸不暢，還在鼻腔裡長潰瘍，很痛。阿蘭給我開了順勢療法的處方，說病症會在兩週內緩解。誰知我的能量光環對這一療法極爲響應，只用四天的功夫就痊癒了，而且再也沒有復發過。當時的我對順勢療法的治療原理一無所知，毫無準備地就治好了。

我的這次病歷表明，如果治療師的診斷準確，幾乎可以藥到病除。順勢療法將能量光環生理層、活力層、星體層以及智力光環體內層的振動頻率協調一致，來滿足身體的需要。整個能量光環與我們生命力的精髓和諧共振，會產生強大的作用。

冥想和祈禱

當一個人冥想或祈禱的時候，紫羅蘭色和米色的光線如同噴泉一般從頭頂一圈圈地灑滿全身，臉龐也彷彿沐浴在光線中。活力層和星體層擴展至智力光環體內層和外層，將心靈帶到另一個覺知層面。生理層則通過以太層來得到所有感受。

在這個過程中，以太層有可能與其他光環層分離，造成所謂的「離體體驗」（out-of-body experience）。

靈療

靈療需要療癒師與靈界溝通，使得神聖的療癒能量從他們能量光環的靈性層次進入到雙手手掌。當療癒師將手掌放到患者病處時，患者通常會有麻麻的感覺，這是靈療能量在對治病因。靈療是通過活力層和生理層起作用的，讓身體調節到與以太層的健康狀態一致。

靈療和順勢療法可以很好地結合在一起運用。有時候這兩者共用會取得意想不到的效果。有一位女士在生孩子後因輸血感染了愛滋病毒，她在接受結合這兩種療法的治療後不久，就發現所有的症狀都消失了。現在她的能量光環顯示出健康良好的狀態。

芳香療法

芳香療法是用精油刺激身體的感受，啓動療癒功能。比如茉莉精油可以提振精神，洋蓍草（yarrow）則可以安神。精油是植物的靈魂，是草藥能量的極致濃縮，有強效的防腐、抗菌和抗病毒功能。精油可以通過吸入和柔和的芳香按摩等方式來用於治療。我的丈夫保羅也是一名芳療師，他有許多複合精油配方，用來應對各種情形：有用於女性生產的，有對治骨骼痛的，放鬆肌肉緊張的，緩解靜脈曲張的……簡直無窮無盡。當家裡人患上流感時，他會加熱薰衣草精油，薰衣草精油有緩解充血的作用，可以讓呼吸道保持通暢，還有助眠功效。在溫水裡加入五滴迷迭香精油，可以疏解肌肉的疲倦痠痛。

精油的作用原理是通過刺激生理感受來活躍電磁粒子，從而激發能量光環變化。精油可以使活力層充滿新鮮活力，可以促使生理層、活力層和星體層釋放積累的壓力，達到和諧，從而感受到平靜與平衡。

光環中的死亡跡象

每隔一段時間，總有這樣的病人會來到我面前：他們已經全然接受了即將來臨的死亡，並不願意到我這裡治療，但在親朋好友的善意催促下只得勉強一行。通常他們的能量光環會顯示出灰色和粉色層層交疊的波狀記號，其間參雜著淡淡的綠色。我一直在治療慢性疾病，已經見慣了死亡。但是，只有當我在病人的活力層外緣看到細細的一道灰色閃光時，我才會接受死亡已經不可避免了。無論如何，爲了幫助病人做好精神準備，平靜地跨越死亡之門，也爲了安慰照顧他們的親友，我總是同意繼續治療。

當一個人面對死亡時去意已決，如何才是最好的幫助他們的方式？這永遠讓人爲難。我會仔細觀察他們的能量光環，再留心聽取他們的談話，以此來判斷他們的決心是否堅定合理。有一名年輕女子患了肺癌，幾個月內癌細胞就遍及全身。她接受了醫師的建議，爲最壞的結果做好準備，開始安排後事，讓丈夫在她死後能夠順利照顧孩子們。

她的一位好友帶她來到我這裡，我立刻就著手治療。二十分鐘不到，她那已經失去知覺的左臂恢復了功能，持續了三個月的喉嚨疼痛消失了，呼吸變得順暢，不再疼痛。她的臉色也恢復了生氣。我非常興奮，覺得她有很大的機會能夠治癒，也把這話告訴了她。

然而，我沒料到她來找我不過是應付她朋友的好意而已。她雖然很感謝我爲她做的治療，但並沒有堅持下去的意願，反而一直在說自己要做哪些事情，以便做好準備，平靜地死去。她的能量光環中有灰色和栗色，表明她非常固執地停留在自憐模式中，保持受害者身份。於是我知道自己回天乏力，沒有能力改變她了。

幾年前，一位中年婦女帶了她的老父親到我這裡，他被診斷出患了腸癌和膀胱癌，卻拒絕一切治療方式。這名婦女在讓她父親進診室之前，先進來懇求我要好好開解他，鼓舞他有活下去的願望。衰弱不堪的老人一步步蹭進診室，臉上卻放射出意志堅定的光芒。果然，他的能量光環也顯示出一圈圈由灰色、淡粉色、鮭魚粉色、淡藍色和栗色交織在一起的光環，這表明了他的死亡意志十分堅定。

我和他進行了一次難以忘懷的診療。我還記得他是如何不停地向我講述他和他已經過世的妻子，他們從十六歲就在一起了，度過了六十三年幸福的婚姻時光，彼此相愛，直到妻子離世。他跟我說如今他孤零零地活在世上，眞的很累。他當然愛自己的孩子們，還有孫兒們，他們都已經長大成人。他已經爲家庭盡了責任。眼下，每一天都彷彿漫無盡頭，空蕩蕩的，他眞的厭倦了繼續活下去。我的心被這位老人深深地觸動，從他的能量光環裡，我可以看出他不是在魯莽地自暴自棄。在他心靈的深處，有聲音清晰地告訴他，到了撒手的時候，應該遠行了。於是我直截了當地告訴他的女兒，正如她自己當年羽翼初成，迫不及待地從父母的束縛中掙脫，展翅高飛，現在她也應該斬斷對父親的親情執著，解開對他的束縛。

和這位了不起的老人共處的半小時內，我學到了那麼多的東西。淚水湧上我的眼睛，他向我俯過身來，握著我的手說：「我和我所愛的人一生很圓滿，如果你也有這樣的一生，那你就是有福的。」是這位老人教會我理解老年人的取捨之道和價值觀，明白他們的決斷力和韌性，不經意間，他讓我做好了準備，能夠很好地爲越來越多的老年人服務。

我曾經非常榮幸地陪伴在我的一位病人身邊，握著他的雙手，和他一起迎接死亡。他靜靜地躺著，意識時而清醒時而昏迷，只有微弱的脈搏和淺淺的呼吸表明他還活著。但我可以通過能量光環知道他的意念。星體層如同湍急的漩渦一樣流動，重放著一生的記憶，讓他確定自己過得很充實。活力層的色彩和能量在迅速消失，表明死亡即刻便會降臨。在腹部上方，以太層通過一個旋轉的錐形口像吸塵器一樣吸走了生理層。我眼角的餘光看到一個彩色的靈體站在我的對面，那是他的兒子，在十幾歲的時候就去世了。隨著生命一步步離去，以太層輕柔地沉入他的身體，幾秒鐘後，又高高地升起在病床的上方。這時，我知道他在經歷離體經驗，這是自我認知到自己已從生命中蟬蛻，即將邁入過渡階段。

整個過程就像是在觀看一家工廠在週末停工關門。大樓都檢查過了，燈火一一熄滅，門窗也逐一關牢鎖好。工人們下班回家，所有的一切歸於寂靜。

有些人了解靈界，相信死亡只不過是從物質生命穿梭到精神存在的過渡，對他們而言，死亡可以是如此正向的經驗。

一名粗壯的高個子男子癌細胞擴散，對死亡充滿恐懼，請求我幫助他接受死亡。我向他解釋了能量光環，告訴他一個人從生到死光環的各個層次都在運作。我還進一步解釋了靈界的存在，以及我們一直受到來自靈界的守護和照顧。他很快明白了沒有人會孤獨地死去。從你失去意識的那一刻起，你的心就在靈界的愛的光輝中。等我再一次去西澳的時候，他的妻子告訴我他已經在幾週前去世了。她說：

「最後那一刻，他沒有害怕，只是遺憾在度過四十年幸福的婚姻生活後，夫妻不得不一朝分離。」他妻子是虔誠的信徒，她知道當她死亡的那一刻，他們必將重聚。

致命疾病和死亡

當人體能量光環中顯示出彩鉛藍色（pastel blue）、綠色、灰色和粉色等色彩交織一起，環繞在頭部和雙手部位，表明此人的健康狀況有可能好轉。彩鉛藍色會增強此人的敏感性，使其努力覺察好轉跡象。彩鉛粉色則加強此人對生命的熱愛和對所愛之人的眷戀。

一個有趣的現象是，有的人已經被醫學宣布治癒希望渺茫，時日無多，卻奇蹟般地痊癒，或生存的時間大大超過醫師的估計，在這些人的能量光環中，淡綠色占了絕大部分。

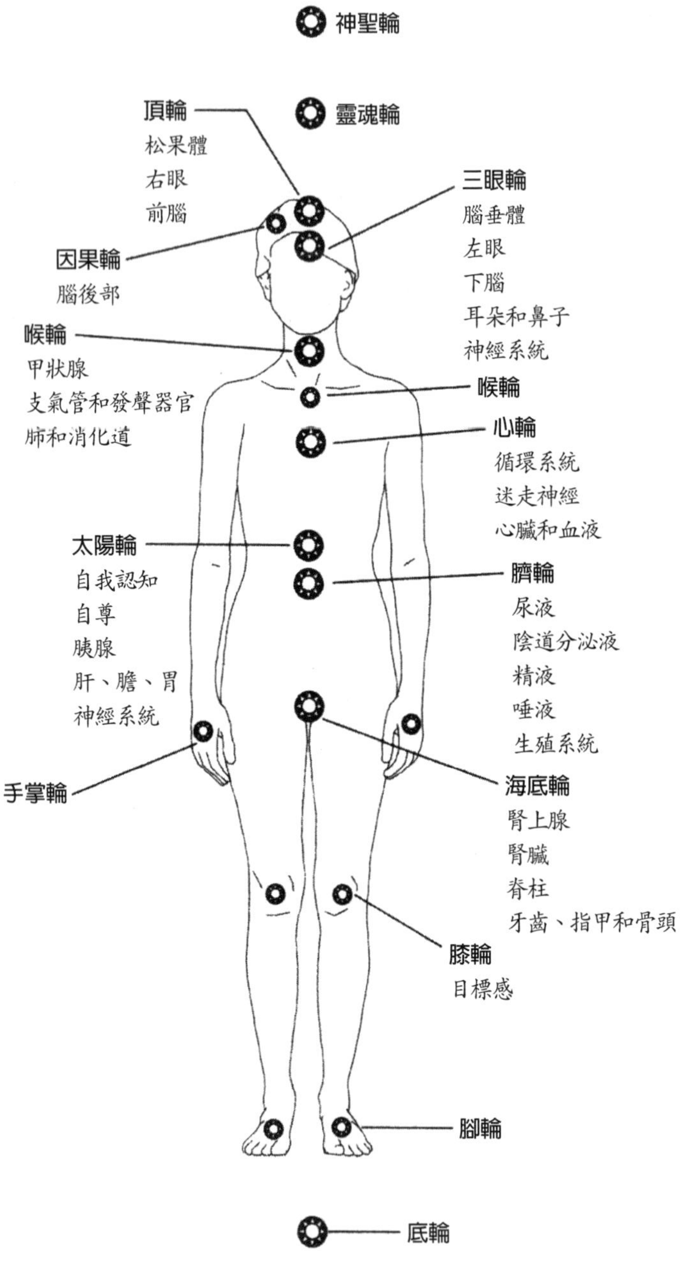
神聖輪
頂輪
松果體
右眼
前腦
靈魂輪
三眼輪
腦垂體
左眼
下腦
耳朵和鼻子
神經系統
因果輪
腦後部
喉輪
甲狀腺
支氣管和發聲器官
肺和消化道
喉輪
心輪
循環系統
迷走神經
心臟和血液
太陽輪
自我認知
自尊
胰腺
肝、膽、胃
神經系統
臍輪
尿液
陰道分泌液
精液
唾液
生殖系統
手掌輪
海底輪
腎上腺
腎臟
脊柱
牙齒、指甲和骨頭
膝輪
目標感
腳輪
底輪

圖 19：脈輪

身患絕症的兒童的能量光環有著更深的色彩。在他們尚未成熟的能量光環中，翠綠色、祖母綠色和彩鉛藍色交織在一起，其中雜有細細的杏色和蘋果綠色。這樣的色彩組合顯示出他們對生命的執著和對親人的眷戀。

參加過戰鬥的士兵需要長時間的艱難掙扎才能重拾健康，他們的經歷使得能量光環的色彩和形式極爲複雜。在他們的光環中通常會看到深灰色、栗色、生赭色、小鹿色、赤陶色、炭灰色、鐵鏽紅色、淡黃色、深綠色、祖母綠色和葡萄紫色，這些色彩交織在一起，彷彿一張掛毯。複雜的色彩組合表明他們必須克服來自個人和社會的重重困難，歷經艱辛，才能重新獲得身心健康。

6

自然界中生物的能量光環

愚者智者，同見一樹，樹雖無異，所見不一。

威廉・布萊克

植物和樹木擁有平衡的能量光環，爲周圍的環境提供生命的力量。如果在一天開始的時候能夠在大自然中徜徉片刻，獲得協調一致的能量，對我們的健康非常有益。森林的清晨，空氣清新，能夠刺激身體各個主要感官，喚醒我們與自然的連結。每天能有十分鐘這樣的時間，沉浸在大地的精華中，足以掃落我們心頭的思慮之網，讓整個能量光環活躍起來，清潔能量，恢復平衡。我這裡所說的大地的精華指的是大自然本身的平衡。大多數人都沒有福氣住在森林附近，但有許多其他方式也能夠讓我們擁抱自然，增強能量光環，我只試舉數例：清晨散步、騎自行車或騎馬、戶外冥想或半小時的園藝工作、在海裡或池塘裡游泳、乘坐熱氣球、在花園或社區公園裡打太極，等等。

樹木的療癒屬性

一棵健康成熟的大樹，其樹冠周圍的能量光環中顯現出金黃色和柔和的綠色，樹幹周圍則有略深一些的綠色能量光環。樹木能量光環的色彩簡單樸實，因爲樹木與自然完全協調一致。我們人體能量光環中因各種情緒而產生的鮮明閃亮的色彩是不會出現在樹木或植物的光環中的，因爲它們總是處在全然的平衡中。

樹木的光環狀態幾乎從不發生變化，除非有人類或鳥獸等入侵，威脅到它們的生存，破壞了能量光環的平衡狀態。樹木爲了自保，會將光環的能量從樹冠收回，納入樹幹中，彷彿在全力護住自己的生命。有一次，我看到有大約三十隻黑鳳頭鸚鵡在剝咬一棵白雪松的樹皮，等我反應過來，立刻從櫃子裡拿出掃把，衝出門去把牠們趕走了。我本來應該更快速行動的，可是在鸚鵡的破壞下，白雪松的能量光環發生了變化，吸引了我的注意力，我呆呆地看著，一時竟沒有意識到發生了什麼事情。

當樹木葉子周邊的能量光環中出現顏色暗濁的斑點，或整個光環色彩黯淡，說明樹木患了疾病。如果能量光環中出現渾濁的綠棕色條紋，說明樹木的根或樹幹出了問題。

不久之前，好像還興起了一陣擁抱樹木的潮流，說這是在擁抱環境。其實這一行爲對人的益處要遠遠大於對樹木的益處。我們人類集結成社區，每日爲生存而奔忙，在不知不覺中形成群體的社會能量光環，可以從屋頂向上延展出好幾公尺。社會能量光環的構成複雜，色彩多樣，不過一棵長成了的大樹枝幹高大，樹冠遠遠地高過屋頂，也超出了社會能量光環的範圍，基本上不太會受其影響。當然，樹木也不得不忍受大氣汙染，不過總體而言，樹木的能量光環要比我們的平衡得多。樹根深深地扎入土地，樹冠自由自在地向空中舒展，樹木下接大地上連天空，自然就獲得了我們人類需要苦苦修行才能得來的平衡狀態。

亞西西的聖方濟各可能是基督教傳統中最負盛名的環境主義者了。人類久已從自然中分離，聖方濟各致力於將人類與造物重新連結，他留心自然的美和質樸，要人們與之連結，在一切生命中體會上帝的奇蹟。下面這首讚歌是聖方濟各所作的

《萬物頌》（*Praise of Created Things*），更爲人熟知的歌名是《太陽頌》（*Canticle of the Sun*）：

至高全能，全善上主
讚美榮光，皆歸於主
高力威嚴，皆屬於主
宏福令名，皆集於主

讚美我主，爲眾萬物
讚美我主，爲我日兄
帶來白晝，帶來光明
輝煌燦爛，願主光榮

讚美我主，爲我月姐
讚美我主，爲眾星辰
同發光明，平添夜色
天空輝耀，普照世塵

讚美我主，爲我風弟
變換天時，調劑群生
讚美我主，爲我水妹
謙卑清潔，有功於人

讚美我主，爲我火兄
燦爛剛強，黃昏照我

讚美我主，為我地母
不時長出，好花嘉果

我從很小的時候起，就對大自然流連著迷。我還記得一個炎熱的夏日，學校組織去孤兒院遠足，我和幾個同學一起在一棵老松樹下躲避陽光。松樹枝葉茂密，我立刻就發現陽光根本透不進來，要是突然來一陣雨的話，也一樣打不濕樹下的地面。我們坐在松樹的濃蔭裡，樹冠像巨大的傘似的保護著我們，幾個女孩子就那樣坐著閒聊，抱怨無聊的遠足，說著小女孩之間的傻話。慢慢地，談話變得越來越美好了，我不禁注意到幾個同學的能量光環在持續發生變化。我朝周圍察看，想要發現到底是什麼造成了這樣的變化。於是我發現有外在的能量像一串串珍珠一樣，不停地滴落到大家的能量光環中。那是松樹的能量，起到了淨化的作用。我不由得想起電視裡的「麗仕香皂」廣告，裡面的每樣東西洗過後都變得更白，更明亮。我隨著思緒漫遊了一陣，注意力又被朋友們的傻話吸引了，於是轉回到閒聊上。這是我第一次有意識地觀察到樹木的療癒力量，儘管當時我並未明白其中的意義何在。

直到幾個月後，我才眞正了解了樹木的療癒價值。那是在放學回家的路上，我遇到一隻小貓，牠的後腿被爆竹炸傷了，爲了讓牠免受太陽炙烤，我將牠放在一棵松樹的樹蔭下。這可憐的小傢伙應該還不滿六個月。我坐在牠身邊，想著要是帶牠回家，我那寵愛小動物的媽媽肯定要傷心死了，怎麼才能讓她少哭一會兒呢？這樣想著的時候，我再一次發現從松樹的能量光環中結出一顆顆能量珠，一串串地進入貓咪的能量光環中。不知道爲什麼，我坐在那兒足足一個鐘頭，一動不動，看著這個情形。每次松樹那綠色和黃色的能量之珠滴落到貓咪的能量光環中，其中的恐懼就會減少，貓咪就變得強壯一些。從此以後，我再也不會對周遭的自然環境熟視無睹了。到了十幾歲青春期時，每當心情受到傷害，我都會去公園找一棵松樹，在樹下靜靜地坐著。

因爲我了解樹木的療癒屬性，所以我非常謹愼地選擇在花園裡種些什麼樣的樹。我絕不會衝到苗圃，在一大片樹苗叢裡亂轉，隨興找棵樹或灌木來塡上花園的空白處。我會非常有耐心地察看樹苗的能量光環，一株一株地看，並敢於爲大自然做個配對。十二年前，我搬到新家的兩週內，單槍匹馬地種下了四十棵輻射松（radiate pine tree），如今都已經長得遠遠高過屋頂，形成一道療癒的樹廊，可以不受干擾地徘徊其中。

你一定聽過「綠手指」這個說法，當一個人有「綠手指」，通常他們的能量光環中會有與土地相關的色彩，如棕色和綠色，可以容易地與花園產生能量交換和共享。植物和大自然能夠感受到這種能量交換，隨之報以茁壯成長之勢，欣欣向榮。

就像人和動物一樣，樹木也有個性，有不同的角色要擔當，每一棵樹都有獨特的能量頻率，從中很容易判斷它們的個性和角色。每當我看見一棵樹時，我能看到它從頭到根部都熠熠生輝。與土地的連結讓樹幹發出光芒，彷彿樹幹裡面點著一盞燈籠。樹木與周遭的環境和生靈共同生存，其能量和諧共振，我彷彿能聽到從中傳來美妙的吟唱。

有時候，樹木會告訴我在它們生長的歲月中所經歷的事情。我十歲的那年，全家去雪梨的皇家植物園野餐。夏日炎炎，陽光透過我們薄薄的衣衫烘烤著皮膚，我們找了一棵大樹下的陰涼地，母親鋪開野餐毯，擺好了美食，而我卻悄悄地和樹木與群鳥說起話來。午餐後，我靠在樹幹上，閉上眼睛，親切地對大樹說：「哈囉。」我的心中立刻就浮現出兩個上世紀的孩童，他們也同樣與這棵樹交了朋友。那是一個男孩和一個患了小兒痲痺的瘸腿女孩，男孩是哥哥，他們的父母去四處逛逛，留下哥哥照看妹妹。這棵大樹努力療癒那柔弱的女孩，我能夠感受到它的療癒能量。我轉過頭去，輕輕地吻了吻樹皮，感謝大樹給小女孩的幫助。

我的記憶中也有與大樹相遇時不好的事情。那是在塔斯馬尼亞亞瑟港囚徒監獄的遺址，當時我和我丈夫在附近參加會議，忙裡偷閒地在島上遊覽幾天。我們都愛好歷史，所以就來到這處遺址參觀。我們很快停好了租來的車，下車後走了不到十步，我的能量光環就開始顫抖，我的身體也發生了強烈的反應，喉嚨說不出話來，淚水滾滾而下。我先生趕緊護送我往車子那邊去，而我彷彿被無數迷失的靈魂纏住，掙扎著前進。我花了漫長的二十分鐘才重新鎮定下來。我先生建議我在附近找棵大樹庇護一下，他一個人去遺址走走。

山坡下有一棵大樹，枝繁葉茂，展開的樹冠下是一大片草地。大樹散發著療癒的氣息，我向它走去。當我踏入樹蔭下時，我的能量光環再一次強烈的發作。我踉蹌蹌，無法站穩，周圍的人吃驚地看著我，以爲我發瘋了。我拚命想控制住自己，但卻無能爲力。我的眼前出現了血汙斑斑的地板，哭號的聲音，我被這地方曾經有過的現實嚇壞了。我拚盡全力掙脫出大樹的能量光環，邊哭邊跑上山坡。事後回想，我明白大樹並不是在攻擊我，它只是在努力療癒那片土地上的痛苦，只是當時的我還沒有學會控制直覺感受，才會讓自己毫不設防地暴露在各種能量之下，無法自持。

各種樹木的療癒特性

下列樹木的療癒特性都來自我個人的觀察總結，以及我的親朋好友和課程學生的相關經驗。這些樹木的能量對人類有很大的益處。

樺樹（birch）：恢復和平衡人性品質。

榆樹（elm）：加強個性的力量。

桉樹（eucalypt）：在遭遇危機時能加強個人的力量。

果樹（fruit trees）：喚醒新生的感覺。

木蘭（magnolia）：激發自我淨化。

楓樹（maple）：幫助做好準備，迎接重大變化。

橡樹（oak）：增長智慧，有助於增強自我分析和自我諮詢能力。

松樹（pine）：能夠吸收負能量，有清潔與平衡的作用。

楊樹（poplar）：更新活力層能量的流動。

柳樹（willow）：緩解頭腦緊張和困惑。

想要讓樹木發揮最大的療癒功效，首先必須保證樹木高度至少超過一層樓；其次要能夠在樹下坐上一到數個小時。你可以在地上放一張地毯或一個墊子，躺在那裡讀讀書，更好的方式是在樹下冥想。不管用什麼方式，最重要的是你的心要放鬆、開放，這樣可以鼓勵樹木回應你的能量光環所展示的需求。

原始的人類文化中，對大自然有著極高的洞見，這來自於人們的日常體驗，這廣博的知識被先民們善用，又一代代地流傳下來，並未遺失。我的知識也同樣來自於直接的觀察和互動，而各種樹木的療癒特性一直是我關注的焦點之一。

動物的能量光環

我小時候經常去動物園，見到了各種動物的能量光環，我記得自己簡直是目不暇給。後來我學會觀察不同動物能量光環所特有的色彩與形態。直到今天，最令我著迷的還是鴨嘴獸，因爲牠的能量光環和貓咪的非常相似，儘管這兩種動物無論是棲息地還是生活方式都有著天壤之別。我常想，要是鴨嘴獸能做寵物，牠會不會坐在人的膝上，「咕嚕咕嚕」地哼著要人關愛呢？

我小的時候從來沒喜歡過猴子，因爲牠們的能量光環和照看它們的人類一樣，充滿了糾結的情緒。我喜歡的是氣宇軒昂的長頸鹿，牠們的頭頂散發出紅葡萄酒色和淡藍色的能量之光，表明牠們既敏感，又自尊自足。謙卑的駱駝則是我永遠的心頭所愛，牠們的能量光環中有務實耐勞的棕色、忠誠的杏色，和富有創造力的紅色。駱駝是少數幾種不會吸收飼養員光環能量的動物之一，這說明駱駝是自己命運的主人，不像馬，不僅吸收人類的光環能量，還會感受飼養者的痛苦。現在回想起來，我總是被既擁有與人類相似的特性，又自由獨立的動物所吸引。

動物能量光環的色彩要比人類單純得多。大多數動物的能量光環都與人類相匹配，因此在能量的層面人類與動物緊密相連。人類的生理層和以太層的能量首先與動物的能量相應，緊接著活力層和星體層也和動物的能量光環連結，這樣動物與我們之間忠誠的聯繫就形成了。這不僅能幫助人體能量光環達到平衡和恢復，還能夠穩定血壓、神經系統，及緩和情緒症狀。動物之所以能夠在情緒方面幫助人類，是因爲牠們與自然有著純粹的連結，使得牠們擁有內在的穩定。正是人類和動物能量光環之間的相匹配，使得我們能夠馴化如此多的野生動物。有些動物，如貓和狗，與人類之間的聯繫更爲緊密。

貓和狗所帶來的能量益處

有人熱愛園藝，有人喜歡寵物。貓與狗可以幫助治療我們生而為人所固有的情感脆弱。這些野性殘存，卻無比可愛的動物對自己的主人忠心耿耿，永遠愛著主人，願意效勞。貓科動物中能量最強的是獵豹和美洲虎，而犬科中則是拉布拉多。

狗的能量光環中有棕色、棕褐色（tans）、粉色和中綠色，代表忠心耿耿、任勞任怨。貓的能量光環中有各種綠色、藍色、粉色和杏色，代表愛與獨立。這是養貓和養狗最重要的區別。雖然牠們的能量光環不太一樣，但無論是貓還是狗都有助於人體能量光環，幫助人們在遭受震驚、憂鬱、恐懼的時候恢復能量。不過，我注意到養在高層公寓中的貓和狗個性通常不夠和諧，能量也不夠強，對主人能量光環的幫助也沒有那麼大。對動物的馴養和保持其基本本能之間需要達到微妙的平衡，才能保證動物的能量可以幫助人類的能量平衡。

我小時候，就像許多小孩一樣，哭泣的時候會在膝頭抱著我的貓，用貓尾巴擦拭淚水。當然了，那很不衛生，但眞的能安定情緒，有助於能量平衡。我看得出來，我的貓咪關心我，我也視她爲我唯一眞正的朋友，會永遠愛我，理解我。

有一個下午，我父親順路來看我，他準備送一隻三歲的母狗到我哥哥家。我哥住在我家附近的社區，他的女兒們一直想養一隻狗，我父親就代他們聯繫了報上的廣告，得到了這隻狗。那隻狗一見到我，就像認得我一樣，與我心神相通。不到三分鐘的時間，我就確定她應該是我的狗。我和父親說了，他卻哈哈大笑，帶著狗就開車走了。我馬上打電話給我嫂子，跟她說要是狗不合適他們家的話，一定要轉讓給我啊。

這狗一進我哥家的門，就開始不停地叫，叫啊叫啊，沒完沒了，完全不肯融入這個家庭。三週後，朱特，這隻聰明伶俐的邊牧犬就和我生活在一起啦。我們的友情到今天已經十年了。雖然時間過了那麼久，每次我哥他們家人來訪，朱特都會向他們做出各種表達喜歡和感激的姿態，牠的能量光環中顯示出特別的尊重之情，感謝他們當初讓牠來到我這裡。現在朱特老了，不再追著家裡的綿羊山羊到處跑，而是在牧場找塊陽光明媚的地方，舒舒服服地躺下，看著羊群在周圍乖乖地吃草。

其他易被馴化的動物，其能量光環也顯示出接納、愛與尊敬之情，對人類的能量光環同樣有益。

認識動物能量光環中的疾病信號

你可以運用自己學到的看懂能量光環的能力來發現寵物的病因，以便尋求獸醫的幫助或自己解決問題。下面這個故事發生在我的貓咪巴尼身上，牠躲過了一次致命的中毒後果。

有時候，我家的露臺上會有蛇爬上來，躺在被太陽曬得暖暖的地磚上，我的態度是聽之任之，親朋好友們對此大驚失色。有一天中午，我回家吃午飯，看見貓咪巴尼直挺挺地躺在地上，一動不動。我一開始以爲牠是中暑了，就把牠全身浸在水裡降溫。可後來發現牠的能量光環顯示出牠的血液出現了問題，於是打電話給獸醫，盡量詳細地描述牠的症狀。獸醫很快就診斷出巴尼是被蛇咬了，說牠活不成了。我謝過獸醫後掛斷電話，靜下心來仔細觀察巴尼的能量光環，看牠現在是什麼狀態。能量光環顯示出巴尼的心很堅強，有強烈的生存意志，我決定和牠一起戰鬥。我對自己說：「你不是個療癒師嗎？那就救牠一命。」

我丈夫把好幾種澳洲花精混在一起，調成製劑，我跪坐在巴尼的身邊，調動我體內所有的療癒能量。時間一小時一小時地過去了，到了晚上，巴尼躺在我的懷裡，眼睛直瞪瞪的，嘴巴也僵硬地一動不動。每隔一小時，我們就抬起牠的腦袋，灌幾滴花精，期間我一直在靈療，最終我的藍色靈療能量要用盡了。我走到我家田裡一株二十公尺高的鐵桉樹下尋求幫助，我需要盡可能地吸收原始能量，爲能量光環充電。懷著這樣的意念，我將巴尼抱在懷裡，坐在樹下冥想，之後將牠放在我床邊睡覺。

到了早晨，巴尼的身體自主地動了幾下，儘管動作極小。牠的眼睛開始有亮光了，嘴巴也稍微放鬆了點。我們定時給牠餵葡萄糖和水，讓牠的身體保持能量。過了一天，牠已經能到處走動了，只是跌跌撞撞的，像喝了酒的醉鬼。我發現牠的骨盆部位有點不對，就帶牠去看獸醫。醫師見牠還活著，吃了一驚。他診斷出巴尼的膀胱腫脹，教會我怎樣爲牠排尿。之後巴尼一天天地強壯起來，很快就恢復了健康。這次經歷讓牠更加戀家，也更愛我們。牠和我們一樣，都知道是我們的愛救了他的命。

大自然有療癒的力量，可以清潔人們心頭的塵網，要做到這一點，我們每個人都需要能量光環的幫助。我們家犧牲了日常生活的便利，搬到遠離城市的郊外生活，爲的就是安寧幽靜的自然環境。雖然上班上學通勤比較麻煩，但每天回到寧靜的家園，讓我們覺得付出的一切辛勞都值得。

每天清晨早餐前，我都會站在屋後的露臺上大聲說：「早安！」不到一分鐘，我的狗和貓咪們就會跑到我腳邊，鴨子嘎嘎叫著回應我，公雞也神氣地啼嗚起來，引得小雞仔們嘰嘰咕咕地湊熱鬧，大白鵝立刻報以警告，小兔子在籠子裡跑來跑去，迫不及待地等著早晨的大餐：有蒲公英和雪薊吃哦。這一整套晨間儀式從不曾使我厭倦，只會讓我的能量光環煥然一新，生機勃勃。

7
強化並保護人體能量光環

甜美喜悅的靈魂永遠不會被汙染。

威廉．布萊克

隨著社會對我們的要求越來越多，人體能量變得虛弱、無力，失去了健康和直覺力。遲早有一天，我們會認識到自己並不僅僅是一具會移動的血肉之軀，我們是有能量的生靈，在這無限擴張的宇宙中存在。到那個時候，我們就會探索自我，會閱讀如本書這樣的書籍。

自從人類有記錄的歷史以來，沒有哪個時代如現在這樣，我們的能量不得不應對無數的外部壓力。人類曾經知道如何與自然共處，甚至無需刻意思考。我們曾經懂得氣候模式、動物的行為，也了解採集什麼樣的食物可以得到豐厚的營養，什麼食物可以用於治療。我們知道太陽給人帶來能量，但過分暴露會反過來被太陽吸收生命力；雷暴會震碎人體能量，讓我們感覺凌亂不堪；呼嘯的狂風將能量扯得七零八落，使我們陷入混亂。我們還知道哪些樹木可以幫助我們提升能量，發掘內在的智慧。

如今我們不再像從前那樣依賴本能與直覺，因此也遠離了我們做為以太（靈性）生命的眞實存在。我們反而依賴外在的東西來掌控自己的生活。在西方文化中有一個廣爲流傳的傳統，就是大家都習慣性地要看電視台的晚間新聞播報，心煩意亂地堅持看下去，爲的就是等著看天氣預報，好爲未來的幾天做準備。人不禁要懷疑如此焦慮地計畫未來，到底是得到了多少？又失去了多少？

無數電子設備充斥著人們的工作場所和家裡，外部的能量干擾數不勝數。能量光環時刻都在和周遭的能量頻率交換互動，非常容易受到外部干擾，其精細的電磁粒子之網隨時都會受到影響。電腦、電視、影印機、微波爐等設備都會打亂人體能量光環生理層的電磁粒子，如果暴露其中的時間太長，人就會感覺到能量流失，疲倦乏力。而如今我們西方社會的絕大多數人都生活在這樣的狀態下。

手機會對人體能量光環產生巨大的作用，可惜是壞作用。手機不僅會干擾能量光環的電磁粒子，還會產生一圈圈的波狀能量，在人的耳朵和頭部附近快速脈動。長時間使用手機的人會感到耳朵有壓力、頭痛、眼花等身體的不適。我家裡的人都明白這些道理，所以每個人都盡量減少使用手機，還會把手機放到以太層的範圍之外。

還有一件讓我覺得好笑的事情是人們選擇放鬆消遣的方式。一到假期，成千上萬的人都湧到沙灘等各個度假地，一季又一季，完全不知道這樣做根本不能放鬆身心。房車營地也好，海島度假村也罷，到處都擠滿了人群，所有人都奔著同一個目標「我要放鬆」，從自己的日常生活中逃離。當然，他們脫離了平時的社會能量光環，感覺透了一口氣，但他們每個人本身的能量仍然是焦灼忙亂的，彼此互相影響，無法眞正地吐故納新。因此，當度假的人們紛紛回家，重新開始工作，之前的疲憊狀態很快就故態復萌。

我們的能量光環與周遭的外部環境共處，呼吸與共，吸收著周圍的能量，而能量光環的狀態又強烈地影響著我們，這一點應該謹記在心。我們必須找到合適的方式來保持自我的良好狀態，獲得內在的平靜。

我們的祖先需應對人際關係、天氣變化，還要盡一切努力生存下去。如今我們除了同樣要應對所有這些（以不同的方式）之外，還有許多其他的挑戰。所以，我要再次強調爲了我們的健康，必須好好加強並善於保護人體能量光環。

請客觀地觀察一下你自己的生活方式吧，因爲生活方式也會對能量光環產生重大的影響。家庭或工作場所中的創傷性經歷，會讓能量光環混亂，讓人無法專注於當前的處境，更無法克服困境。低自尊會造成畏縮，讓個性強的人來控制你。濫用藥物，比如止痛藥、抗生素、心理治療藥等會扭曲能量光環。一味工作而不知放鬆會讓能量光環僵化，萎縮並衰敗，憂鬱也會造成同樣的結果。不良飲食會影響能量光環的生理層，阻止活力層更新，造成心理和生理的疾病。

強化你的能量光環

有時候你會覺得「今天感覺不好」，這是你的身體直覺在告訴你能量失衡啦，要想辦法恢復活力。有時候你又會說「我需要個人空間」，這是身體直覺在說你的能量縮減了。要是你發現自己感覺「今天怎麼這麼自在啊」，說明充好電了，能量重新恢復平衡。本章節中的練習會幫助你保持能量光環平衡強壯。

想要強化你的能量光環，必須要處理下列自我摧毀的消極因素：

- 低自尊
- 自我貶低
- 混亂的關係
- 長期消極／憂鬱
- 成癮的不良飲食（糖／巧克力／茶／咖啡／香菸）
- 缺乏規律運動
- 疲倦，得不到休息

- 缺乏與大自然和新鮮空氣接觸的機會
- 酒癮／藥癮／心理治療藥物成癮
- 缺乏改善自我的意志

確定能量光環的強度

在開始強化你的能量光環之前，首先需要確定你的能量光環目前到底有多強，或多弱。下面這項練習可以讓你對自己的能量光環有所了解。請在正確描述了你的狀態的句子前【　】內加1分，最後將總分統計出來。

【　】你家裡或工作場所中有某個人讓你心力交瘁，感覺自己是個失敗者。

【　】孩子們遊戲時的尖叫聲讓你厭煩。

【　】有的人真的會讓你不寒而慄。

【 】重複的噪音，如敲擊聲、摩擦聲讓你難以忍受。

【 】當遭到批評時，你會退縮到你的殼裡。

【 】你不會爲自己據理力爭。

【 】你不喜歡成爲關注的焦點，也不喜歡被觸摸。

【 】當你做決定的時候，會不斷地和自己辯論。

【 】似乎沒有人聆聽你的話，也沒有人理解你。

【 】你總是被單獨挑出，總是會受到責備。

【 】你的各種關係總是不能如你預期的那樣發展。

【 】你總是得不到追求的東西。

【 】當你感覺低落時，需要好幾個小時，甚至好幾天才能從低落中走出。

【 】你很在意人們怎麼看你。

【 】你對他人的期望總是會落空。

【　】夢會對你的心境造成很大的影響，且持續好幾天。

【　】你在尋找快樂的要訣。

【　】在電視機或電腦前坐一個小時以上會讓你感覺疲憊。

【　】擁擠的人群會讓你感覺被堵住了或被關在籠中。

【　】在市中心待一整天會讓你感到疲憊不堪。

【　】當你疲憊且困惑的時候，你會去找朋友，然後很快就覺得好多了。

【　】去劇院或參加節日活動等會讓你感覺疲憊。

【　】陰天或雨天讓你心緒低落。

【　】在無人的沙灘或森林中漫步，讓你感覺重新充電了。

【　】水讓你感覺能恢復健康。

【　】和你住在一起的人能讓你感覺自己變強了。

【　】每個人都喜歡你，你很容易交到朋友。

【　】你經常笑，也經常唱歌。

【　】你讓人們微笑。

評分

【15—29】你的能量光環是開放的，比較脆弱。

【8—14】你的能量光環正在克服弱點。

【1—7】你的能量光環穩定平衡。

你得了多少分呢？是不是發現自己的能量光環好弱，直覺力有待提高呢？你可以重新做一遍題目，還可以列出自己的弱項。本書中的其他練習可以幫助你走出困境。

你是不是很容易疲憊呢？如果是這樣，你的能量光環是開放的，因此你的情緒很容易被影響。只有克服了你自身的恐懼感，這個問題才會解決。

你在傷害能量光環

身、心、靈和能量光環最大的敵人是一顆無法駕馭情緒、充滿負面能量的心。要獲得人生幸福，重要的是通過平衡的思想來保護自己的能量光環。你表達自己的方式會強化你的理念，創造出你的現實世界。這是因爲你的身體相信你心中的所想。心裡覺得應該去撿球，身體就會把球撿起來；心裡覺得一定得兩隻手端著杯子，不然杯子就會掉到地上了，你就會兩手牢牢地端好杯子。心有所思所感，人就信以爲眞。

消極的語言和自我表達會從能量光環中吸走能量，讓它變弱。你應該改變自己常用的負面表達，去除消極的習慣。生活是一個冒險遊樂園，不是一場疲於應付的磨難。

看一看下列語句，判斷自己在日常生活中是否一直在自我傷害：

- 這東西太好了，我配不上
- 我是蠢貨
- 不行，我不能那麼做
- 我能給點什麼呢？
- 用暴飲暴食來懲罰自己吧
- 肯定有不好的事要發生了
- 我就是顆行走的定時炸彈
- 把情緒都默默地藏在心裡吧
- 咬緊牙關
- 嚥下這口氣吧
- 要是我那樣做會怎樣呢？
- 眞是臉皮厚
- 眞是臉皮薄
- 我已經不想再試了
- 沒人喜歡我
- 我好醜
- 我恨我自己
- 我無可救藥
- 我不行
- 我還不如死了好呢

- 你算老幾啊
- 這不公平
- 我終將一事無成
- 我好乏味
- 誰會給我一個機會呢？
- 無腦

當你和別人談話時，留心你是怎樣無意識地在語言中構建自我的，你的言辭清晰地定義了你的自尊程度，有多少自我摧毀的傾向，還有多少自身的弱點非但沒有被你意識到，反而一次又一次地不斷強化。在一段普普通通的談話中，可以看到無數消極因素潛伏其中，眞是讓人嘆爲觀止。擦亮你意識的眼睛，不放過你無意識的弱點，把它們都清除掉。

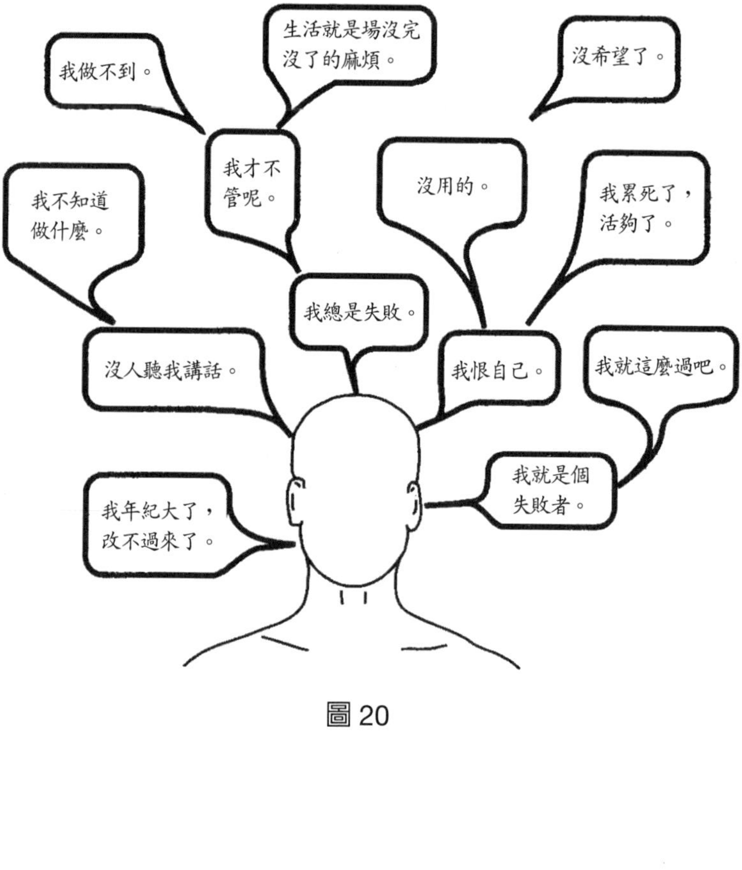
我做不到。
生活就是場沒完沒了的麻煩。
沒希望了。
我才不管呢。
我不知道做什麼。
沒用的。
我累死了，活夠了。
我總是失敗。
沒人聽我講話。
我恨自己。
我就這麼過吧。
我年紀大了，改不過來了。
我就是個失敗者。

圖 20

肯定能量光環

請聆聽自己的言語和內心，糾正消極的念頭和話語，將恰當的肯定能量引入你的生命。如果能駕馭心的力量，你就能改變自己的感受，創造出精彩的現實。

請從下列肯定性的陳述中選擇一段或多段，每天都大聲地朗讀給自己聽。一天裡真誠而自信地重複朗誦幾次，持續十五到三十天，將信念深深地扎根於心中。然後讓時間來揭示心的力量能創造出怎樣的變化。

我的能量光環平衡且圓滿

因此我的心積極而主動，能夠達成我的願望。

我的能量光環無礙地奉獻與接受

能助你不會耗盡你的能量，亦助你不會耗盡他人的能量。

我的能量光環能與他人交流
爲他人帶來友情的滋養，爲我帶來新朋友。

我的能量光環不斷新生
幫助治癒身心的疾病，走出困頓的境地。

我的能量光環是療癒他人的工具
有助於療癒所愛的人。

我的能量光環不斷地進化
幫助身心靈的自我發展。

我的能量光環融入生命之網
助我與周遭世界和諧共存。

如何永久性地強化你的能量光環

當然，你的生活和健康可能需要一些必要的改變。任何人的能量光環都需要平衡的生活方式。當你與自然親近，與所愛的人幸福生活，你的能量光環一定會生機勃勃。當我們和充滿人格魅力、能夠啓發他人的人相處時，我們的能量光環馬上就會受到激發。下面我列舉了九個簡單的方法，你可以通過這些方式來永久性地強化能量光環。

1. 隨時做善行。
2. 待人以善。

3. 不要吝嗇你的笑容。

4. 培養創造力。

5. 喜歡自己的個性。

6. 每天呼吸新鮮空氣。

7. 平衡且有機的飲食。

8. 每天冥想。

9. 與自己和平相處。

立竿見影的能量光環強化技巧

有時候，我們肩負的責任過重，或被負能量的人或事糾纏，不勝其擾，又或者身體狀況糟糕，在這些情形下我們會感覺被壓垮了，那麼下面的四項練習具有立竿見影的功效，能夠使能量光環立刻煥發活力。其中第一項和第二項練習可以每週練習一次，持續六個月以上，能夠有長期效果。

練習一：

在室內找一處安靜的地方，保證自己能有至少一小時的獨處時間，不受打擾。要避免有其他能量光環的干擾，確保室內沒有動物、植物或其他人，周圍也不要有電子設備。你可以盡量放鬆，讀一本好書，或乾脆做白日夢。排除外在能量的影響，可以使能量光環有機會重新自我調整，讓你感覺自己再度「完整」了。獨處的時間越長，強化的效果越好。

練習二：

1. 舒適地坐在一棵大樹下。
2. 閉上眼睛，做幾次深呼吸，放鬆身體。

3. 隨著每一次呼吸，感覺大樹的能量充滿你的肺葉，帶來新生。
4. 感覺能量光環向四面八方擴展。讓你的感官感受大樹的生命力。與大樹合而爲一。

練習三：

1. 身體站直，雙腳微微分開，也可以坐著。
2. 雙手各執一根雙尖水晶（double-terminated quartz crystal）。
3. 深長而緩慢地呼吸，放鬆累積的緊張情緒。
4. 將注意力集中在手掌輪上，激活水晶的能量。感覺手掌輪的能量穿透水晶，與水晶的能量結合。當兩股能量結合後，水晶放射出能量，擴展至整個能量光環。你的手掌會有痲痲的感覺，說明能量光環開始得到強化。你會感覺到彷彿有一股電流貫穿你的身心靈。水晶能夠暫時性地補充你的能量水平。

5. 將能量吸收進能量光環，持續十分鐘。

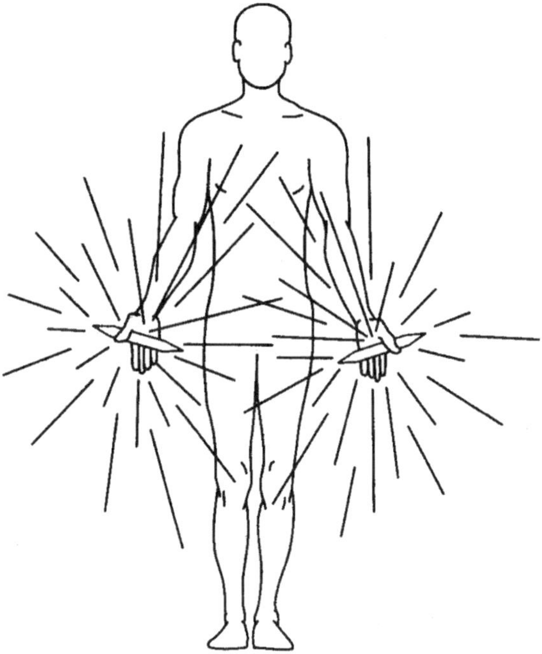

圖 21：用水晶強化能量光環

雙尖水晶（白色或粉色）可以暫時提高你的光環能量水平。

練習四：

1. 平躺在地上，在頭部、膝蓋、背部的下方墊上枕頭。
2. 閉上眼睛，緩慢、輕柔地深呼吸三次，釋放身體的緊張。
3. 身體不要動，安靜地躺著，專注在呼吸上。感覺能量從各個脈輪放射出來。
4. 將能量引導至生理層和以太層，讓能量完全充滿這兩個光環層。
5. 感覺能量向上延展，滲透至能量光環的其餘層次。

一週能量光環保養計畫

下面是我如何保養我的能量光環的方法，我也總是建議朋友實踐同樣的方法。大家都知道，健康的要素是均衡飲食、運動和消除壓力。我現在要添上一個新的面向，那就是每天花一個小時保養能量光環。我的座右銘是「一天一小時，疾病無蹤跡」。

養成保養能量光環的簡單習慣可以保證頭腦清晰、注意力集中、身體健康、耐力持久，和內心平靜。

- 花兩個鐘頭、半天，或一整天的時間獨處，爲能量光環充電。
- 讓自己處於能夠提升情緒的色彩當中。
- 沉浸在能啓發你的音樂中，激發積極能量，讓能量充滿身體和非情緒光環體。
- 在大樹下靜坐一個小時左右，吸入樹木平衡的能量。
- 選擇六個善意詞彙，在與親友交談時經常使用它們。
- 盡量和能夠啓迪並激勵你的人相處。
- 讓生活爲你服務，不要成爲生活的奴隸。

保護能量光環

經常有人問我，當面對具有負面能量的人和事時，該如何保護自己的能量光環不受干擾。說實話，保護能量光環的唯一辦法是建立良好的自尊。當然也有一些暫時的手段可以利用，讓你在處於劣勢的時候拿來應急。需要當心的是，這些手段如果頻繁使用，會最終改變你整個能量光環的形態。「屏蔽」是一種手段，你屏蔽自己的能量光環，放出信號，表明你拒人千里之外，很難接近，這樣就能禁止他人干擾你的能量光環。在某些時候，這個方法很有效，不過要當心的是，如果你一直這樣做，你的能量光環就會眞的被屏蔽起來，無論朋友還是敵人都覺得無法和你交流。人們會說：「我也不知道你怎麼了，好像就是不能再和你溝通了。」這會給人際關係帶來災難，你又得費盡力氣重新調整過來。

屏蔽能量光環的方法

方法一：

1. 端正地坐好，雙腳腳踝相交。

2. 雙手合攏，拇指相扣。
3. 將手放在腹股溝部位。

這個方法可以立刻屏蔽能量光環的生理層和靈性層，使能量不會外洩。只要保持這個姿勢，屏蔽就有效。我注意到在大眾運輸和開會的場合，許多人都會採用這個姿勢。人們也許並沒有意識到這麼做的意義，但不自覺地起到了保護能量光環的作用。

方法二：

1. 在一張舒適的椅子上坐正。
2. 閉上眼睛，深呼吸三次。
3. 感覺你的身體隨著呼吸放鬆下來。

4. 觀想你的頭頂盤旋者一個白光形成的漩渦。

5. 感覺這光的漩渦輕柔緩慢地向下流動，旋轉的光罩住了你的能量光環。這層光的屏蔽會讓周圍的人都對你敬而遠之。如果將白色的光替換成金色的光，會把惡靈屏蔽在外，避免能量光環受損。

方法三：

1. 在一張舒適的椅子上坐正。閉上眼睛，深呼吸五次，隨著每次呼吸，身體都進一步放鬆。

2. 觀想從三眼輪和頂輪有紫色與珍珠色光線射出，如瀑布般緩緩流遍全身。

3. 感覺光的瀑布流到腳底後改變方向，折轉過來封住腳底，形成屏蔽。這個屏蔽方法可以發散出能量，與現實保持距離。

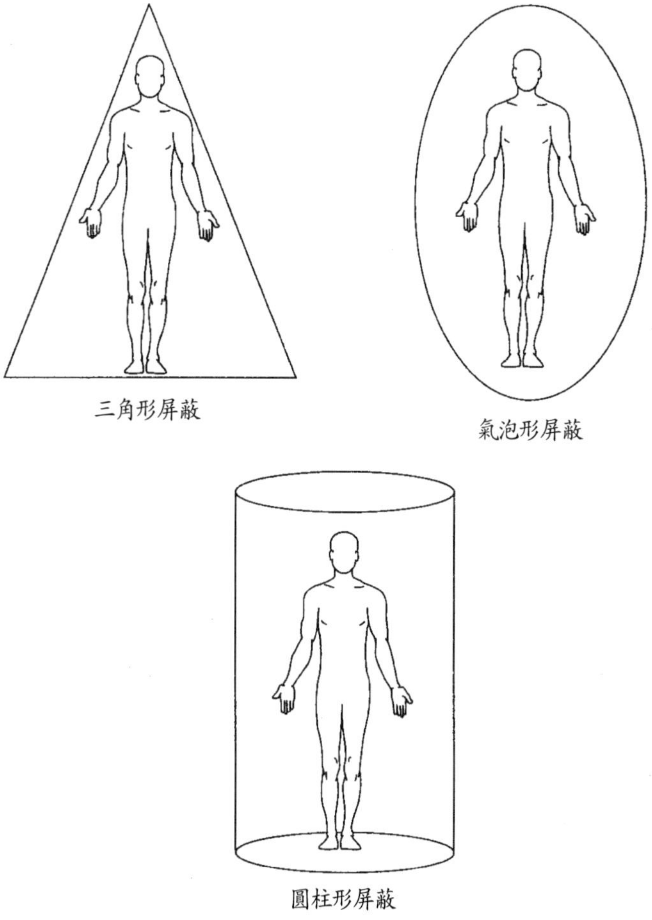

圖 22：屏蔽能量光環

觀想彩色能量形成三角形、氣泡形或圓柱形的封閉空間，
將你圍繞起來，形成屏蔽，保護你的能量光環。

更新能量光環

下列問題中如果你有一項或多項的回答是肯定的，那你絕對需要更新你的能量光環，使之恢復活力。定期對能量光環做自我清潔，去除因與親友互動或其他能量干擾而產生的能量殘留，對維護健康至關重要。尤其是性交，因其高度親密的性質會產生大量能量殘留。

- 你是否覺得自己會承擔他人的焦慮、沮喪和恐懼情緒？
- 你是否將世界的壓力負擔在自己的肩頭？
- 你的生活是否刻板乏味，毫無變化？
- 他人是否會讓你疲憊不堪？
- 你是否乘坐大眾運輸出行？

- 你是否用手機保持工作聯繫？
- 你用電腦嗎？
- 你是否花很多的時間看電視、玩電遊？
- 你日常飲食是否大多使用微波爐？

如果懂得如何利用現代科技，那它就是我們的好幫手。我是用快捷便利的電腦來寫作本書的，在寫作過程中，我每隔兩小時就會離開電腦桌，出去到花園裡盪鞦韆。鞦韆高高盪起，將我送入鄉村迷人的新鮮空氣中，我的能量光環向大自然敞開，接受清洗，煥然一新，我又獲得了創造的專注力。

一九九五年聖誕節前幾週，我向聖誕老人（就是我先生啦）請求，給我一架像公園裡用的那樣大的鞦韆吧，我可以用來清潔能量光環。後來我和我先生到外地工作，他悄悄地拜託他父親裝好了鞦韆，準備在聖誕節給我一個驚喜。聖誕節那天清晨，我被他領著走過彎彎曲曲的花園小徑，來到鞦韆架前。鞦韆立在一棵巨大的桑樹和一株蘋果樹中間，有好吃的桑葚和綠蘋果，我就可以盡情地盪鞦韆，不管玩多長時間都不會餓啦！我一眼就注意到了鞦韆座椅的顏色，那是手工上漆的火紅色，與初升朝陽的顏色一樣，可以激發創造力。鞦韆架的位置選得非常有心思，我面朝北的時候，可以和牧場裡吃草的羊兒們說話；面朝南的時候，泳池和後院景色映入眼簾。無論面朝哪個方向，我都和生命的能量在一起。

我做過研究，發現鞦韆對都市居民來說是一種有效的療癒工具。清晨或黃昏時分，你到家附近的公園散步，會感受到寧靜幽寂的氣氛。在公園的鞦韆上盪上二十分鐘，可以強健你渾身上下的肌肉，讓肺部擴展，更重要的是能清潔你的能量光環，煥發活力。這比去健身房舉重訓練有趣多了。

如今健身風潮盛行，然而人們在追求整體健康的過程中卻忽略了以太光環體，因此許多人雖然獲得了身體的健康，卻無法達到情緒、心靈的平衡狀態。

「光之漩渦」自我清潔法

這項練習簡單易行，可以在一天的任何時間操作，清潔能量光環。對療癒師而言，這是絕佳的日常練習。

1. 舒適地坐著或站著。
2. 深長而緩慢地呼吸，直到你放鬆全身的每一處肌肉。
3. 在心中觀想一張不斷旋轉、散發著鑽石光彩的能量之網，輕柔地旋轉著，向你靠近。
4. 讓這張光之網圍繞你的身體擴展至十五公尺以上，以順時針方向旋轉，慢慢收緊，緊緊地包裹住你的身體。光之漩渦的能量最強處在你的頭頂，能量漩渦旋轉著慢慢從頭到腳掃過整個身體，一個脈輪接一個脈輪，與此同時外來的干擾能量被清除出去。

5. 最後讓光之漩渦從腳底離開。

在每一個另類療法集會中，我都能發現至少有一位療癒師會推廣如何清潔並平衡能量光環的方法。我看到人們梳理某人的能量光環，彷彿那是一團糾結在一起的頭髮；我看著他們用手做出旋轉的動作，彷彿能量光環是一團各種物質的集合體，可以攪拌均勻；我還看到大家用手伸進以太光環體中，好像是伸到抽獎箱裡摸彩。我聽到人們談論著各種駭人聽聞的故事，描述自己在人體能量光環這一神祕領域的冒險之旅。

你能做出改變

在你努力強化並保護自己的能量光環的過程中，不要忘記你的能量光環也在影響著其他人，這從他人對你的言行態度就能看出。在這個日益緊張的現代社會，我們若能在能量上負責，善莫大焉。如果世界上的每個人都能升起這樣的責任心，也許我們就能看到人類終於能和諧交流了。

經常有人向我傾訴他們與某個朋友、親人或同事的關係，說對方讓自己筋疲力盡，心力交瘁。每當這樣的時候，我都會立即追問他們是否反思過自己能量光環中的缺陷？是否是這些缺陷使得他們的能量如此輕易地遭受傷害？你應該問自己，為什麼你的能量光環如此不堪一擊。我們總是傾向於責備他人「錯待了我們」，但實際原因也許在我們自己身上。就像哲人兼詩人威廉．布萊克所言：「狐狸從來不會怨自己，牠只怪陷阱太陰險。」

一個人要付出多少代價，才會牢記自己的能量光環就是一個行走的活廣告，將自己是個怎樣的人廣而告之，因此能夠有意識地吸引來你該學到的教訓，讓你得到人生經驗。痛苦的遭遇正是完美的例證，證明此言不虛。儘管生活有的時候讓你生不如死，你卻從中學到眞理，看到自己發生驚人的轉變。通常我們在生活中的種種不如意，都是我們和他人的能量光環在交集，卻運行不良，甚至根本不能滿足我們的需求，達到平衡。

有意識地維持好的能量振動，保護能量光環平衡和諧，你就能改變混亂的環境。當遇到冒犯你的人時，維持你的善念，進行正向的改變，在心中祝願對方能夠安好，同時在你和對方的能量光環之間設置保護的屏障，這樣能夠與對方產生療癒性質的互動。任何情況下都絕對要避免捲入與對方惡言相爭，瞋怒相加。如果遇到難以避免的情形，記住與對方保持一公尺以上的距離，確保對方針對你而來的破壞性能量能受到限制，減少對方的情緒攻擊波穿透你的能量光環。這樣的防禦技巧可以幫助你的能量光環迅速恢復。

有一位母親找到我，向我抱怨說很難與自己十幾歲的女兒溝通，於是我建議她讓全家人圍坐成一個圓圈，手拉著手，將意念集中於幫助她女兒應對現實。女兒面臨高中畢業考，這讓她緊張得幾近崩潰。在考試前的一週，全家人每天晚上都一起做這個練習，大家表達出對女兒的愛與支持，將信心一點點地注入她的心中。母親覺得除了幫助到女兒之外，整個家庭也大大地團結了起來。在心神專注的情況下，各個能量光環彼此融合總是能產生積極的效果，有時簡直是立竿見影。

如果你每天通過冥想或「光之漩渦」的自我清潔法（見頁331）來集中自己的能量，那你一定會釋放出健康、平衡、善意的能量波，使你能夠自信地給予和獲得，任何情況下都不會消耗自身的能量。

如果你進步，能量光環也進步

如果你退步，能量光環也退步

它是活生生的力量

是你真實自我的反映

8

二十個常見問題

每次我在教授能量光環的課程中，學生都會提出無數的問題。下面我列出了二十個最常見的問題，配以簡短的回答，供大家參考。其中有些問題在本書各章節中有詳細探討。

能量光環是什麼？

人體能量光環是圍繞身體、由電磁粒子構成的七個層次。裡面的三層沿著身體的輪廓，外面的四層呈彩色的蛋形。

能量光環最早是什麼時候形成的？

在受孕時，精子與卵子的結合產生了獨特的能量模式，個體能量光環就此開始發展。隨著胎兒的發育，能量光環反映出其整體狀態。

當你死亡的時候能量光環會怎樣？

死亡的時候，能量光環會消失無蹤，只有以太層保留下來繼續存在，成爲幽靈狀態的你。

每個人都能看到能量光環嗎？

能量光環視覺是人類內心深處天生的一部分。大多數人在日常生活中都無意識地運用光環視覺，在潛意識層面對周遭的人與整體生命狀態做出評估。

你怎麼看到能量光環呢？

當人類的肉眼與內在的眼睛相結合，也就是說，與直覺結合，就能很容易地看到能量光環。人類肉眼的視杆細胞和視錐細胞分辨光環色彩和光波的頻率，而內在的眼睛直覺地解讀其意義。所以，要看到能量光環，視覺和直覺必須達到平衡。

你看能量光環時，是清晰的還是霧濛濛一片？

在兩、三公尺的距離之外，能量光環呈現出一團透明的色彩，但是，當靠近細察時，會發現針尖大小的色彩粒子懸浮在一起，可以進行解讀。

你能感覺到能量光環嗎？

能量光環生理層的電磁粒子可以很容易被感覺到，只要使勁摩擦雙手手掌，然後輕柔地慢慢分開手掌，就能體會到磁力的作用。

能量光環有特定圖案嗎？

奇怪的形狀、條紋、彎曲的線條和斑點等都會經常出現在能量光環中，它們意味著各種可能性，從疾病到懷孕，都有可能。

能量光環中各種不同的色彩意味著什麼？

能量光環的色彩是個人經歷和環境變化的直接結果，體現了身心靈的狀況。

衣服的色彩和圖案會影響能量光環嗎？

周圍環境的色彩會影響能量光環，產生暖或冷的效果。比方說，你穿了紅色的衣服，會使得能量光環中的所有紅色以更高的頻率振動。大多數人會本能地穿上與自己能量光環中最主要的色彩一致的顏色。黑色和灰色是僅有的具有消極影響力的色彩，它們會吸收能量光環中的光和能量，限制人們的行爲表現。

能量光環能讓你對自己了解多少？

能量光環是你在過去、現在、未來一切所思、所感、所經歷的反映，因此能量光環就是你的招牌。眼通力者通過解讀你的能量光環，一眼就能讀取你的資訊，做出準確的預言。

能量光環多久會產生變化？

能量光環發生變化的快慢程度和你自身發生變化的速度一致。與情緒相關的色彩變化非常迅速，而代表個人優點、成就和命運的色彩則變化緩慢。

我們是如何影響彼此的能量光環的？

光環能量會和各種形式的能量互相作用。當兩個人相遇時，彼此的能量光環也會互換能量，因此他們會本能地彼此欣賞或厭惡。有的人讓你感覺心累，是因爲他們能量光環中的不平衡會影響到你自身能量的平衡。

無生命的東西也有能量光環嗎？

沒有。然而，如果有人碰過某個物件，此人的能量光環會在物件上留存七十二小時之久，讓人覺得物件本身就有能量光環。

我們如何學習看見能量光環？

首先，你必須與頭腦的創造力相應，勤加練習。其次，你必須擴展你的直覺能力。第三，你必須讓能量光環在你面前顯化，而不是一個勁地瞪著眼睛去找。

我們天生具有光環視覺，那它是怎麼受損的呢？

只要缺失了創造力的刺激，人就很難保有光環視覺。

年齡會不會限制一個人看見能量光環？

只有創造力和直覺表達力受到抑制才會妨礙人的光環視覺。任何年齡的人都能重拾光環視覺。

你如何強化能量光環？

要長期加強光環的能量，使之平衡，自尊是基礎。自我尊重和自信會產生強而鮮明的色彩。

讓人解讀自己的能量光環時，應該穿什麼顏色的衣服？

白色的衣服沒有侵略性，可以讓人清晰地觀察籠罩你全身的光環色彩。

我如何判斷光環解讀是否眞實正確？

解讀的一部分是和你當前生活有關的，因此你個人很容易判斷是否準確。但其餘和未來有關的解讀就只有到時候才能驗證了。

其他資料

裘蒂絲．柯林斯的著作

裘蒂絲．柯林斯寫過多部著作，另有大量錄製的磁帶等錄音作品，內容廣泛，涵蓋冥想引導、療癒、解壓、與靈界溝通，以及適合孩子的靈性啟蒙故事。

- **《認識你的能量光環》**

  Canticle Productions（電子書）

- **《生命的色彩》**（***The Colour of Life***）

  Canticle Productions（電子書）

- **《喚醒心中的奇蹟》**（***Awakening The Miracle of You***）

  Hachette（電子書）

  每一天的自我提升、療癒和肯定

- **《園藝指南》**（***Companion Gardening***）

  Hachette（紙質平裝書）

  與《自然母親》（*Mother Nature*）合作

- **《冥想之旅》**（***Meditation Journeys***）

  Canticle Productions（mp3）

  一趟進入自然精靈世界的神奇之旅

Canticle 產品可以從其網站上購得，也可以從其他線上書店購得；Hachette 產品可以從線上書店購得。

裘蒂絲．柯林斯的線上活動

- **《你的能量光環》**（***Your Human Aura***）

裘蒂絲的 podcast 和 blog，講述關於能量光環的一切

yourhumanaura.com

- **Canticle Productions**

  存有裘蒂絲所有的作品

  canticleproductions.net

  PO Box 68, Buxton NSW 2571

- **Earthkeepers Sustainability 保衛地球可持續性**

  裘蒂絲的環保活動

  earthkeepers.com.au

衆生系列 JP0229

認識你的能量光環

How to See and Read the Human Aura

作者	裘蒂絲・柯林斯（Judith Collins）
譯者	薛亞冬
責任編輯	陳芊卉
封面設計	周家瑤
內頁排版	歐陽碧智
業務	顏宏紋
印刷	中原造像股份有限公司

發行人	何飛鵬
事業群總經理	謝至平
總編輯	張嘉芳
出版	橡樹林文化 台北市南港區昆陽街 16 號 4 樓 電話：886-2-2500-0888 #2738　傳眞：886-2-2500-1951
發行	英屬蓋曼群島商家庭傳媒股份有限公司城邦分公司 台北市南港區昆陽街 16 號 8 樓 客服專線：02-25007718；02-25007719 24 小時傳眞專線：02-25001990；02-25001991 服務時間：週一至週五上午 09:30-12:00；下午 13:30-17:00 劃撥帳號：19863813　戶名：書虫股份有限公司 讀者服務信箱：service@readingclub.com.tw 城邦網址：http://www.cite.com.tw
香港發行所	城邦（香港）出版集團有限公司 香港九龍土瓜灣土瓜灣道 86 號順聯工業大廈 6 樓 A 室 電話：852-25086231　傳眞：852-25789337 電子信箱：hkcite@biznetvigator.com
馬新發行所	城邦（馬新）出版集團 Cité（M）Sdn. Bhd.（458372U） 41, Jalan Radin Anum, Bandar Baru Seri Petaling, 57000 Kuala Lumpur, Malaysia. 電話：+6(03)-90563833　傳眞：+6(03)-90576622 電子信箱：services@cite.my

一版一刷：2024 年 12 月
ISBN：978-626-7449-35-6（紙本書）
ISBN：978-626-7449-34-9（EPUB）
售價：500 元

城邦讀書花園
www.cite.com.tw

國家圖書館出版品預行編目（CIP）資料

認識你的能量光環 / 裘蒂絲．柯林斯（Judith Collins）著；薛亞冬譯. -- 一版. -- 臺北市：橡樹林文化出版：英屬蓋曼群島商家庭傳媒股份有限公司城邦分公司發行，2024.12
面； 公分. --（衆生；JP0229）
譯自：How to see and read the human aura.
ISBN 978-626-7449-35-6（平裝）

1.CST: 心靈學　2.CST: 能量

175.9　　113014338

填寫本書線上回函